기업분석으로 通(통)하는

취업의
정석

기업분석으로 通해 하는

취업의 정석

Back
to the
basics!

김한훈, 강인영, 이길상, 김윤수, 방희경 지음

비전코리아

추천사

이 책은 취업 성공을 위한 핵심 전략을 담고 있다. 기업에 대한 이해가 부족한 일반 취업준비생들도 이 책을 지침서로 삼아 입사를 원하는 기업을 면밀히 분석하고, 분석한 내용에 기초하여 이력서와 자기소개서를 충실히 작성하고 면접에 임한다면, 갈수록 치열해지는 취업전선에서 승가를 부를 수 있으리라 확신한다. 기업에 대한 이해와 통찰력 없이는 취업 경쟁력을 확보할 수 없다. 먼저 기업을 이해하고 기업의 시각에서 자신을 바라보자. 취업전쟁 승리를 위한 확실한 지름길이 여기에 있다.

- 안희준 교수(성균관대 경영대학)

9년 전 치열한 취업전쟁터에서 살아남기 위해 열심히 준비했었지만, 지금 돌이켜 보면 검증 안 된 정보들을 모으고 정리해가며 애써 취업에 대한 불안감을 달래는 정도였지 않은가 싶다. 직원들에게 급여를 제공하는 기업은 입사 지원자들을 학교의 입학생 선발 때와는 다른 눈으로 바라본다. 이 책은 입학 경험만 있는 취업준비생들에게 어떻게 입사 준비를 해야 하는지 매우 정확하면서도 이해하기 쉽게 말해주고 있다.

-박상형 과장(삼성전자)

이 책이 제시한 기업분석 방법에 따라 이력서와 자기소개서, 면접을 준비하다 보면 어느새 합격의 문에 들어서고 있는 자신의 모습을 발견할 수 있을 것이다. 특히 기업환경 분석과 전략수립 부분은 현업에 바로 적용해도 무방할 정도로 체계적이며 본질적이다. 취업준비생들이 이 책을 꼭 읽었으면 한다.

-박민춘 부장(LG화학)

취업난이 갈수록 심해지면서 구직자들은 취업을 위해 많은 노력을 기울이고 있다. 하지만 채용 담당자로서 안타까운 점은 이러한 노력들이 취업이라는 목표 달성과는 무관한 경우가 적지 않다는 것이다. 소위 말하는 취업 패키지(스펙, 어학연수, 인턴, 봉사활동 등)만으로는 더 이상 채용 담당자의 마음을 움직일 수 없다. 입사지원자 본인이 바로 회사가 찾고 있는 인재라는 점을 드러내야만 승산이 있다. 이를 위해서는 반드시 지원하는 회사에 대한 철저한 이해가 선행되어야 하는데 대다수가 이를 간과하고 있다. 저자들이 강조하고 있는 기업 분석이야말로 취업을 위한 열쇠이며, 그 구체적 방법론까지 제시하고 있다는 점에서 이 책은 기존 수많은 취업 준비서와는 차별화된다.

－김종균 대리(비씨카드)

'지피지기면 백전불태'. 지금은 취업에도 고도의 전략이 필요한 시대다. 나의 역량이 무엇인지 명확히 파악하고 그것이 통하는 회사와 포지션을 정하는 것, 말은 쉽지만 실제론 만만치 않다. 이 책에 실려 있는 저자들의 실전 에피소드와 풍부한 상황별 노하우는 취업을 희망하는 모든 이들의 믿음직한 나침반이 되어줄 것이라 확신한다.

－최승운 과장(크레듀)

전략을 세우고
취업전쟁터로 나가라!

취업 성공의 핵심 키워드는 기업분석, 연계, 적합성이다. 스펙이 다소 부족하더라도 입사를 희망하는 기업을 정확히 분석하고, 분석한 내용을 입사지원서와 면접에 치밀하게 연계해 조직 적합성과 역량 적합성을 높이면 취업의 문이 열린다.

이 책은 기업의 조직문화와 경영환경, 요구역량을 분석하는 차별화된 방법부터 분석한 내용을 입사지원서와 면접에 연계하는 실제적인 방법까지 제시한다. 책 내용에 따라 기업을 분석하다 보면 자연스레 기업이 원하는 직무수행 능력을 배우고 체화할 수 있다.

그리고 특정 기업에 합격한 사람들의 자기소개서를 모범답안으로 보여줌으로써 "당신도 이렇게 준비하면 합격할 수 있다!"고 유혹하지 않는다. 배가 고픈 사람에게 생선을 주는 것이 아니라 생선 잡는 근본 원리를 알려주는 지침서로 충분하기에 능숙한 어부가 아닌 취업준비생도 만선의 기쁨을 누릴 수 있을 것이다.

인터넷에는 이미 수많은 기업들의 합격수기와 면접 기출문제 등이 공개되

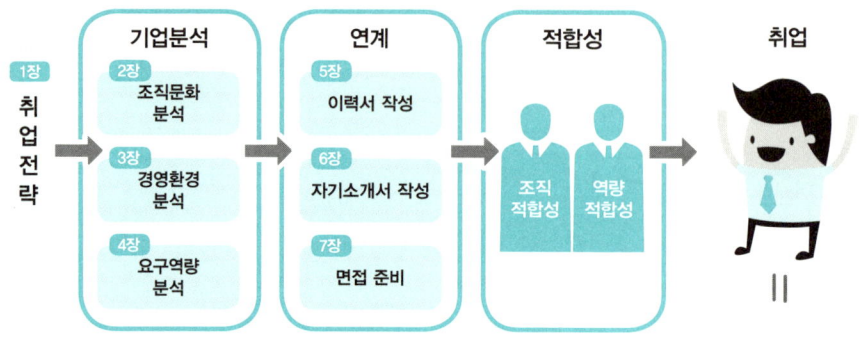

어 있다. 취업준비생들에게 이런 취업족보(?)가 어느 정도 도움은 되겠지만, 이 것 때문에 취업에 실패할 수도 있음을 유념해야 한다. 족보는 '양날의 칼'이다. 이 칼을 잘못 사용하면 공들여 쓴 자기소개서가 '베낀 자소서'가 되고, 힘들여 암기한 면접 답변이 '베낀 답변'이 된다.

기업에 입사하고자 한다면 경제·경영에 대한 기초지식과 상식을 갖추고 있어야 한다. 즉 기업의 경영활동과 전략, 이에 영향을 미치는 외부 환경요인 등에 대한 기본적인 지식과 상식이 필요하다. 이 책에 담긴 기본개념들을 습득해 가면서 경제·경영에 대한 기초지식과 상식을 함께 쌓도록 하자. 면접에서 큰 위력을 발휘할 것이다.

이 책의 키워드는 "Back to the basics!"이다. 즉 기본으로 돌아가 취업하고자 하는 기업부터 분석하자는 것이다. 이것이 취업전쟁에서 승리하는 법칙이다. 근거 없이 떠도는 정보에 자신의 인생을 맡기지 말고 조급한 마음에 무작정 자기소개서부터 쓰는 실수를 하지 말자. 자기소개서를 작성하기에도 바쁘기에 기업분석은 시간 낭비라고 생각할 수도 있다.

취업에 실패하는 대표적인 이유가 기업을 제대로 모르는 상태에서 지원하기 때문이다. 기업을 모르면 직무도 피상적으로 파악할 수밖에 없다. 먼저 기

업에 대한 이해부터 해야 한다. 입사하고 싶은 3~4개 기업을 분석해서 자기소
개서를 쓰는 시간이, 무작정 입사지원서를 제출하고 언제 올지 모를 합격 소
식을 기다리는 시간보다 훨씬 짧다는 사실을 명심하자.

CONTENTS

CHAPTER 7

기업분석과 연계한 면접

PART I

기업분석에
승부를 걸라

취업 경쟁에서 진정한 차별화는 입사하고자 하는 기업을 현미경으로 들여다

보고 치밀하게 분석할 때 이루어진다. 이것이 충진 없는 취업 전략이면 가능

하다만 대학 3학년 때까지는 스펙을 쌓고 4학년 때부터는 정말 취업하고자

하는 기업 정도 파악하며 기업과 관련한 자료의 정보를 수집하며,

수집한 정보를 기반으로 입사하려는 기업의 조직문화, 경영환경, 기업

이 요구하는 역량이 무엇인지 집중적으로 분석한다.

Chapter

1

승패를 가르는
취업 전략

1 승자의 전략, 기업분석에서 시작된다

+ 선택과 집중

많은 취업준비생들이 취업준비 때문에 힘든 시간을 보내고 있다. 이미 취업에 성공한 친구들을 만나면 더 늦기 전에 취업해야 한다는 생각에 극심한 스트레스를 받을 뿐만 아니라 우울함과 불안감에 휩싸이곤 한다. 그러고는 단기간에 바꾸기 힘든 것에 집착하며 취업 공략의 핵심 방향을 찾지 못한 채 시간을 낭비한다.

대학 졸업을 코앞에 둔 취업준비생이 남들이 학점세탁에 열을 올린다고 자기도 C+학점 과목을 A학점으로 바꾸려고 재수강을 한다든가, 남들이 어학성적에 목을 맨다고 본인도 토익점수를 780점에서 830점으로 올리려고 두세 달 동안 미친 듯이 영어학원에 다니는 모습 등이 그 예라고 할 수 있다. 만약 모든 조건이 완벽한데 학점 또는 어학성적만이 취업의 걸림돌이 된다면 이 또한 투자 가치가 충분하다. 하지만 '취업하려면 이 정도 스펙은 되어야 한다는데……' 하는 막연한 생각으로 학점이나 어학점수 올리기에 열을 내는 것은 금물이다. 뚜렷한 목표와 차별화 전략을 설정하고 시간 투자 대비 효율성이 가

바꿀 수 없는 것에 매달리지 말고
바꿀 수 있는 것을 찾자!

장 높은 것에 집중해야 취업에 성공할 수 있다.

누구에게나 취업을 준비할 수 있는 시간은 한정되어 있다. 바꿀 수 없는 것에 매달리지 말고 바꿀 수 있는 것을 찾아 그것에 집중하자. 바꿀 수 있는 '선택과 집중'의 전략, 바로 기업분석에서 시작된다. 이것이 취업 성공을 위한 핵심 전략이다.

+ 스펙은 꾸준히 쌓아야 한다

'탈脫 스펙' 채용 유혹에 넘어가지 말자. 스펙이 취업 성공의 절대적인 기준은 아니지만 그렇다고 무시할 수 있는 요소도 아니다. 기업들이 스펙을 서류전형에서 최소한의 자격요건으로만 활용한다 하더라도 결코 간과하지는 않는다.

혹자는 잘 만든 스토리나 다른 사람과 차별화된 에피소드만 자기소개서에 넣으면 취업에 성공한다고 말한다. 취업이 "낙타가 바늘귀 통과하기보다 어렵다"는 것을 수도 없이 경험한 150만 구직자들에게는 귀가 솔깃한 얘기다. 물론 기업들은 지난 수십 년 동안의 채용 경험을 통해 스펙의 한계를 충분히 학습했다. 이력서 상으로는 뭐든지 잘할 것 같은 화려한 스펙의 지원자를 뽑았는데 막상 일을 시켜보니 기대 이하였던 경우를 기업은 헤아릴 수 없을 정도로 많이 겪었을 것이다. 심지어 조직생활에 적응마저 하지 못해 꿰다놓은 보릿자루마냥 멀뚱멀뚱 책상에 가만히 앉아 있는 고스펙 부적응자들도 심심찮게 등장한다. 때문에 일부 기업들은 최근 '스펙 파괴'를 선포하며 기존과 다른 '오디션 면접', '상황극 면접', '길거리 캐스팅' 등의 실험적인 채용방식을 도입하고 있다. 문제는 이런 실험적인 채용방식의 효과가 검증되지 않았다는 점이다.

비록 기존 채용방식이 평가의 타당성이 떨어지고 자기유사성 오류가 있더라도, 칼자루를 쥐고 있는 기업은 결코 스펙을 가볍게 여기지 않는다. 기본적으로 기업은 객관적인 자료와 정량적인 데이터를 기반으로 의사결정을 하는 곳이다. 게다가 인사담당자들은 면접 과정에서 면접관들의 개인적 특성에 의한 평가오류를 줄이기 위해 매일 머리를 쥐어뜯으며 개선안을 고민한다. 또 직원들의 성과를 공정하게 평가하기 위해 평가항목들은 계량화시키려고 엑셀 데이터와 끊임없이 씨름한다.

이렇게 태생적으로 객관적인 수치에 민감할 수밖에 없는 인사담당자들이 신입사원을 뽑을 때만 스펙을 완전히 무시할 수 있을까? 설령 서류전형에서

Self Questioning 당신의 스토리는 설득력이 있는가?

여기 두 명의 입사지원자가 있다고 가정해보자. 두 명 모두 자기소개서에 이런저런 자신만의 독특한 에피소드를 넣어 자신이 성실한 인재라는 스토리를 만들었다. 그런데 한 명은 학점이 4.5점 만점에 2.3점이고 다른 한 명은 3.8점이라면, 인사담당자는 어떤 지원자를 더 성실하다고 생각하겠는가? 상식적으로 4년 동안 학교를 열심히 다니면서 꾸준히 학업을 수행한 지원자가 앞으로 회사에서도 일을 잘할 거라고 생각하지 않겠는가? 분명한 건 스펙이 취업을 하는 데 결정적인 요소는 아니더라도 필요한 요소라는 것이다. 스펙으로 '성실함'이 증명된 인생 스토리가 더 설득력 있음은 분명한 사실이다.

스펙을 보지 않더라도 면접전형에서 면접관이 "근데 자넨 학점이 몇 점인가?" 라고 물어보는 순간 '스펙 파괴'의 믿음은 그대로 파괴된다.

취업에 도움이 되는 스펙은 쌓을 수 있을 때 쌓자. 재차 강조하지만 스펙은 취업하는 데 무시할 수 없는 요소다.

+ 스펙을 쌓는 시기

문제는 스펙을 쌓기 위해 전력투구해야 하는 시기가 따로 있다는 것이다. 대체로 대학생들은 3학년 때부터 본격적으로 취업을 준비한다. 1, 2학년 때는 대학생활에 적응하고 학과 수업을 따라가는 것만으로도 벅차기 때문에 취업 준비가 현실적으로 쉽지 않다. 특히 졸업 전 병역 의무를 마쳐야 하는 남학생들의 경우는 군복무 후 복학하기 전까지 취업준비에 몰입하기가 더 어렵다. 그래서 대학 1, 2학년 때는 2~3년 후 취업에 도움이 되는 스펙을 갖추기 위해 학점과 어학성적을 높이는 데 집중해야 한다.

가능하면 어학연수나 교환학생도 다녀오고 취업에 도움이 되는 직무 관련 자격면허증을 따도록 힘쓰자. 방학 때 국내외 봉사활동과 인턴 경력을 쌓는 것도 취업에 큰 도움이 된다. 교내외 다양한 대학생 공모전에 참여함으로써 수상경력을 늘리는 것도 좋다. 스펙을 갖추기 위해 남들보다 더 열심히 노력하는 모습이 바로 기업이 원하는 젊음의 열정과 성실함, 적극성을 보여주는 객관적인 증표이기 때문이다.

특히 해당 기업 분야의 공모전 입상이나 인턴 활동 참여는 향후 취업과 직결되기도 한다. 실제로 많은 기업들이 공모전 입상자에게 가산점을 주고, 인사 담당자들은 취업준비생이 해당 기업의 공모전이나 인턴에 참여했다는 점을 기업에 대한 충성도와 연계시키기도 한다. 스펙을 쌓는 과정에서 자신만의 독특한 에피소드를 만들 수 있는 것도 상당한 이점이 될 수 있다.

　　대학 3학년 때까지는 스펙과 함께 핵심 역량을 쌓는 데 집중해야 한다. 특히 대학교육 특성상 1, 2학년 때는 일반 교양교육에 초점을 맞추기 때문에, 현실적으로 졸업 후 진로를 정하기 어렵다. 전공에 대한 이해가 깊지 않고, 해당 전공 분야로 취업을 준비할지 확신할 수도 없다. 때문에 3학년 때까지는 어느 업종, 어느 기업에서건 지원자들에게 기본적으로 요구하는 핵심 역량을 쌓아야 한다. 전략적 사고, 논리적 사고, 문제해결력, 대인관계능력, 리더십 등이 대표적인 핵심 역량이다.

[표 1-1] 현 스펙 수준 자기평가표

종류	정량적 스펙	평가	정성적 스펙	평가
학력	대학순위, 졸업기간		전공의 직무 관련 수준	
학점	전체 평점, 3~4학년 평점		N/A	
어학	영어점수, 제2외국어점수		어학시험 난이도/인지도	
연수	연수 횟수 및 기간		연수기관 및 연수내용	
자격면허증	자격면허증 수		자격증 취득 난이도/인지도	
수상경력	수상 횟수		수상기관 인지도	
봉사활동	봉사활동 횟수 및 기간		봉사기관 및 봉사내용	
인턴활동	인턴활동 횟수 및 기간		인턴기관 및 담당업무	
평가범례 설명	새롭게 쌓아야 하는 수준 / 상당 부분 보완해야 하는 수준 / 일정 부분 보완해야 하는 수준 / 만족스러우나 조금 더 보완하면 좋은 수준 / 이미 충분히 만족스러운 수준			

　　이미 스펙을 쌓을 수 있는 시기를 놓쳤다면 어떻게 해야 할까? 그럼 더 이상 스펙에 매달리지 말자. 대학 4학년이라면 7, 8학기 때 4.5 만점에 4.0점 이상을 받는다 하더라도 전체 학점을 0.2점 올리는 것조차 쉽지 않다. 자격증을 따기 위해 노력하는 것도 이 시기에는 큰 의미가 없다. 몇 개월 안에 취득할 수 있는 자격증이라면 기업에서 그 가치를 인정해줄 가능성이 매우 낮기 때문이다.

+ 이기는 취업 전략, 기업분석

기업 인사담당자들은 스펙이 전부는 아니라고 입을 모은다. 취업포털 '사람인'의 설문조사에서는 인사담당자의 절반 이상이 채용 시 스펙에 대한 평가가 불필요하다고 답했다(《연합뉴스》 2013. 9. 24). 스펙만으로 검증할 수 없는 능력이 많고, 스펙만 보고 뽑았다가 이직을 하거나 손해를 보는 경우가 많다는 이유에서다.

그렇다면 스펙 외에 채용 시 주요 평가 대상은 무엇일까? 바로 인성이나 직무수행 능력, 입사 의지 등이 꼽혔다. 이들 덕목들은 기업의 조직문화, 경영환경, 요구역량 분석을 통해 보완할 수 있는 영역들이다. 단기간에 바꿀 수 없는 학력, 전공, 학점, 어학점수보다 동일한 시간을 투자했을 때 더 큰 효과를 볼 수 있는 기업분석에 집중하도록 하자.

취업 경쟁에서 진정한 차별화는 입사하고자 하는 기업을 현미경으로 들여다보듯 치밀하게 분석할 때 이루어진다. 이것이 승산 있는 취업 전략이다. 가능하면 대학 3학년 때까지는 스펙을 쌓고 4학년 때부터는 정말 취업하고 싶은 기업을 3~4곳 정도 선택하여 기업과 관련된 자료와 정보를 수집하자. 그리고 수집한 정보를 기반으로 입사하려는 기업의 조직문화, 경영환경, 기업이 요구하는 역량이 무엇인지 집중적으로 분석한다. 이렇게 기업을 분석하다 보면 원래 지원하려던 기업이 속한 시장이나 산업 분야의 다른 기업에 지원할 수 있는 기회를 얻기도 한다.

기업에 대한 분석 수준이 높으면 높을수록 입사지원서에서 자신과 지원 기업을 연결할 수 있는 고리가 많아진다. 면접 시 면접관의 질문에 답변할 때도 기업분석 자료를 자기 주장의 논리적 근거로 사용하면 좋은 평가를 받을 수 있다. 즉 기업을 분석한 내용을 이력서와 자기소개서, 면접에 연계하여 조직 적합성과 역량 적합성을 높일 때 취업 성공의 문이 열리는 것이다.

취업을 집짓기에 비유하면 입사지원서와 면접 준비는 기둥이고 기업분석은 기둥의 밑바닥에 까는 반석이다. 튼튼한 반석 위에 집을 지어야 기둥이 무너지지 않는다. 서류전형과 면접전형에 필요한 시간이 4~6주인데, 이 정도면 하나의 기업을 분석할 수 있다. 입사지원서를 제출할 기업을 3~4곳으로 결정했다면 6개월가량이면 지원하고자 하는 기업들을 충분히 분석할 수 있다.

가능하면 지원 기업을 직접 찾아가보자. 실제로 입사지원자 중 한 명은 일주일 동안 매일 아침 7시부터 9시까지 회사 앞에서 출근하는 직원들에게 회사가 요구하는 역량, 회사의 기업문화를 꼼꼼하게 물어보고 조사한 뒤, 면접에서 그 준비과정까지 발표하고 당당히 합격했다.

만족할 만한 스펙을 쌓지 못했다고 해서 포기하지 말자. 낮은 스펙에도 불구하고 철저한 기업분석으로 인사담당자와 면접관을 감동시켜 취업에 성공한 사례는 수없이 많다. 실제 면접위원으로 참여하고 있는 필자들 또한 면접에서 지원자가 얼마만큼 기업분석을 했는지 확인하면서 입사에 대한 열정과 간절함, 기업에 대한 애정 등을 중요한 요소로 판단한다.

2 취업, 관점부터 옮기라

+ '나' 중심에서 '기업' 중심으로

입사는 기업이 결정한다. 때문에 기업이 원하는 것을 가장 잘 준비한 사람이 취업에 성공하는 것은 너무나 당연한 이치다. 하지만 안타깝게도 그것을 깨닫지 못한 많은 취업준비생들은 지금 이 시간에도 자신이 중요하다고 여기는 것들을 준비하고 그것을 이력서와 자기소개서에 쑤셔 넣는다. 그러고 나서 면접장에 와서는 자신이 중요하다고 생각한 것들을 그 짧은 시간에 면접관에게 보이려고 애를 쓴다. 이런 지원자들을 평가해야 하는 면접관들은 속으로 아마 이렇게 생각할 것이다. '그래서 나보고 어쩌라고?'

취업에 대한 관점을 '나' 중심에서 '기업' 중심으로 이동해야 한다. 입사를 희망하는 기업의 관점에서 어떤 인력을 필요로 할지 고민해보고, 그에 맞는 자신의 장점을 최대한 부각시켜야 한다. 그렇지 않으면 인사담당자가 기절할 정도의 최강 스펙을 갖고 있지 않는 한 취업에 실패한다. 남들보다 뛰어난 스펙을 갖추고도 취업에 실패하는 이유는 취업에 대한 관점을 이동시키지 못했기 때문이다.

필기시험을 높은 점수로 통과하고 면접전형에 응시한 한 지원자가 있었다. 그는 면접 내내 자기 자랑만 했다. 문제는 그 자랑거리가 회사에서 필요로 하는 강점이나 스펙이 아니었다는 것이다. 결국 그는 불합격했다. 며칠 뒤 그는 회사로 전화를 걸어 이렇게 말했다.

"저는 ○○대학 경영학과 출신인데 왜 떨어졌죠?"

아무리 스펙을 쌓고 다양한 교내외 활동을 통해 자신만의 스토리를 만들었다 하더라도, 입사하고자 하는 기업이 원하는 것이 아니라면 무용지물이 되고 만다. 제대로 된 기업분석 없이 "저는 이것도 하고 이것도 했습니다"를 나열해봐야 공허한 메아리가 될 뿐이다.

철저한 기업분석을 통해 자신을 재포장하라. 똑같은 이력도 "저는 '이 기업의, 이 기업에 의해, 이 기업을 위해' 이런 일들을 했습니다!"라고 기업 관점에서 정리한다면 준비된 기업 맞춤형 인재라는 인상을 줄 수 있다.

Self Questioning **당신은 남을 생각하는 사람인가?**

취업 성공보다 인생 성공이 먼저다. 인생 성공은 '내'가 아닌 '남'이 원하는 것을 먼저 생각할 때 따라온다. 취업준비 과정에서도 '남'을 위해 살았던 경험과 '남'에게 기여한 일들을 당신의 역량과 더불어 증명하자. 이를 기업이 입사지원자들에게 요구한 이력서, 자기소개서, 면접 형식에 맞춰 증명한다면, 당신은 취업에서 승리자가 될 것이다. 오늘도 기업은 '나' 중심적인 사고를 하는 사람이 아닌, '남'들과 협력하며 상호 공존할 수 있는 사람을 찾고 있기 때문이다.

+ 기업은 키우고 싶은 인재를 채용한다

기업은 대학이 아니다. 기업은 학교처럼 지적 능력이 탁월한 사람을 뽑는 것이 아니라 기업이 원하는 사람을 뽑는다. 기업이 원하는 사람이란 개인적인 능력이 뛰어난 사람이라기보다 기업의 능력과 자원을 극대화시켜 줄 수 있는 인재를 말한다. "기업은 인재를 발굴하기보다는 인재를 키운다"는 말을 흘려 들어서는 안 된다. 기업이 키우고 싶은 인재가 되어야 한다. 그 이유는 기업이 생존하는 방식을 보면 알 수 있다.

첫째, 기업은 사람을 뽑은 후에 그 사람이 맘에 들지 않는다고 마음대로 해고할 수 없다. 노동법과 근로기준법에 의해 근로자는 고용의 안정성을 법적으로 보장받기 때문이다. 즉 인적 자원이 기업의 성과와 직결되는 상황에서 장기간 동일 인력을 계속 유지해야 하는 기업은 성과창출에 가장 적합한 사람을 채용할 수밖에 없다. 때문에 아무리 똑똑하고 높은 스펙을 가진 인재라 할지라도 기업이 추구하는 가치와 성향에 부합하지 않는다고 생각되면 기업은 고용을 꺼릴 수밖에 없다. 가까이 두고 오래 함께하기에는 부담스럽기 때문이다.

둘째, 기업은 사람을 뽑기 위해 많은 시간과 인력, 돈을 투자한다. 인사담당자가 국내외 대학캠퍼스를 방문하거나 전문 채용 대행업체를 통해 자신들이 필요로 하는 사람들이 해당 기업에 지원하도록 유인하는 과정에서 비용이 든다. 또 지원자들 가운데 가장 적합한 사람을 선발하는 면접 과정에서도 면접비와 면접관들의 인건비 등이 발생한다. 뿐만 아니라 채용한 사람이 실제 조직에서 성과를 내도록 만들기 위해 교육훈련을 하는 데에도 엄청난 비용이 든다. 한국경영자총협회가 국내 기업 355개를 대상으로 조사한 '2013년 신입사원 교육훈련 및 수습사원 인력관리 현황'에 따르면, 기업은 한 명의 대졸 신입사원을 교육훈련하는 데 18개월의 시간과 약 6,000만 원의 비용을 투자하는 것으로 나타났다.

이처럼 많은 돈이 드는데도 불구하고 기업은 왜 사람에 투자할까? 바로 투자한 돈 이상의 수익을 사람을 통해 얻기 위해서다. 기업은 자선단체가 아니다. 인적 자본에 대한 투자를 통해 성과를 창출해야만 비즈니스를 계속 이어나갈 수 있다. 때문에 기업은 조직에 가장 적합한 사람을 뽑기 위해 온 힘을 쏟는다. 만약 신입사원이 1년도 안 되어 퇴사해버리면 기업 입장에서는 그 직원을 선발하기 위해 투자한 모든 돈을 한순간에 허공으로 날려버린 꼴이 된다. 이뿐만이 아니다. 신입사원이 퇴사한 부서의 분위기는 급속도로 냉각되고 담당 부서장뿐만 아니라 인사담당자도 인력관리의 책임을 지게 된다. 이처럼 기업과 코드가 맞지 않는 사람을 뽑으면 유무형의 피해가 발생하기 때문에 기업은 원하는 사람을 뽑기 위해 노력한다.

셋째, 기업에서는 조직 몰입도가 높은 사람을 원한다. 한 명의 천재가 수천 명을 먹여 살리는 기업도 있겠지만, 대부분의 경우는 기업의 전략을 직원들이 얼마나 잘 실행하느냐에 따라 성과가 달라진다. 조직 몰입도가 높은 사람은 기업과 자신을 동일시하고 기업을 위해 헌신할 준비가 되었기에 이직률이 낮고 직무수행률이 높다. 때문에 취업 준비생들은 기업의 생존 방식을 숙지하고 취업 전선에서의 생존 전략을 세우는 것이 바람직하다.

Self Questioning 당신은 기업의 지갑을 열 수 있는가?

의류매장에서 일하는 직원들은 고객들의 지갑을 열기 위해 어떤 노력을 할까?

판매직원은 고객이 매장에 들어오는 순간부터 나가는 순간까지 고객에게서 시선을 떼지 않는다. 또한 기회를 틈타 고객 옆으로 다가가 어떤 아이템과 스타일을 원하는지 상냥하게 물어본다. 고객의 키와 체격을 파악하여 고객에게 가장 잘 어울리는 디자인과 색상, 사이즈의 옷을 소개하는 것은 기본이다. 그러고는 소개한 옷의 장점이 무엇인지, 고객이 알고 싶어 하는 것들을 재빠르게 파악해 상세히 설명한다. 물론 고객의 마음을 움직이기 위한 감성마케팅도 빼놓지 않는다.

기업도 매장에서 옷을 고르는 고객의 마음과 같다. 우수한 인재를 뽑기 위해 두둑한 지갑을 준비해놓고 있다. 직원으로 채용한 사람에게는 수천만 원의 연봉과 복리후생비, 교육비, 사무실 공간, 책상, 컴퓨터를 기본으로 제공한다. 하지만 기업은 이처럼 많은 돈을 아무에게나 쓰지 않는다. 판매직원처럼 기업의 마음을 훔친 사람에게만 지갑을 연다.

기업이 지금 당장 돈을 쓰기 위해 지갑을 열 수 있을 만큼의 가치가 당신에게 있는지 되돌아보자.

Chapter

2

기업분석 전략 하나,
조직문화

1 기업의 코드를 찾고 맞추라

+ 코드가 중요하다

"제가 바로 당신이 찾던 그 사람입니다!"

입사를 원하는 기업의 코드code에 자신을 맞추는 것이 취업에 성공하는 가장 확실한 방법이다. 코드란 특정 기업이나 사회, 국가, 민족의 관례나 규약으로서 사물을 바라보는 생각과 태도, 행동방식 등을 의미한다.

한국 사회에서는 코드라는 말이 '코드 인사'처럼 능력과 상관없이 정치적 성향에 따라 권력을 나눠먹는 파벌행위를 연상시키기 때문에 부정적인 어감을 풍긴다. 하지만 일각에서는 '코드 인사'가 꼭 나쁜 것만은 아니라는 반론도 나오고 있다. 리더의 성향과 맞고 주어진 정책 과제를 누구보다 속속들이 알고 수행할 수 있는 사람이 발탁되는 것이 어찌 보면 효율적이라는 것이다. 물론 이는 '코드 인사'의 당사자가 실력을 갖춘 사람일 때 성립된다.

하물며 수익과 성장을 본연의 목적으로 하고 있는 기업은 어떨까? 기업이 성과를 극대화하기 위해 사고체계와 행동양식이 비슷한 소위 '코드가 맞는' 사람을 직원으로 선발하는 것은 지극히 자연스러운 경영활동이다. 그렇기 때

문에 지금도 많은 기업들은 다양한 문화행사를 통해 "One for All, All for One"을 외치며 직원들의 코드를 일치시키기 위해 교육하고 있다.

+ 조직문화 속에 있는 코드를 찾으라

조직문화는 조직 구성원들이 공유하는 가치관과 신념, 사고방식, 행동양식, 규범, 관습의 총체를 의미한다. 그리고 기업의 조직문화에는 코드가 내재되어 있다. 즉 직장인들은 조직문화를 통해 자신이 하는 일이나 타인의 행동 등에 대해 무의식적으로 의미를 부여한다. 이와 관련하여 문화인류학자인 클로테르 라파이유Clotaire Rapaille 박사는 그의 저서 《컬처코드culture code》에서 컬처코드(문화코드)란 우리가 속한 문화를 통해 일정한 대상(자동차, 음식, 국가 등)에 부여하는 무의식적 의미이며, 문화가 다르면 생각이 다르고 생각이 다르면 동일한 정보에 대해서도 전혀 다른 방법으로 인식한다고 했다.

이어령 전 문화부장관은 그의 저서 《이어령 문화코드》에서 코드를 일종의 '암호'로 정의했다. 우리 마음과 생각은 코드를 통해 발신되고 코드를 해석함으로써 수신되며, '코드'를 푸는 것은 곧 타인과 소통하는 열쇠가 될 수 있다는 설명이다. 때문에 우리 주변에 존재하는 암호화된 모든 것들의 진정한 뜻을 이해하기 위해서는 암호, 즉 코드를 '읽어내는 능력literacy'을 갖추어야 한다고 했다.

입사하고자 하는 기업의 조직문화를 파악한 후, 문화코드를 발견하여 자신의 모습을 맞추면 취업전쟁에서 승리할 수 있다. 실제로 기업의 인사담당자들은 조직문화와 연결고리가 많은, 즉 문화코드가 잘 맞는 지원자를 원한다. 그래서 신입사원 채용 과정에서도 기존 직원들의 사고체계 및 행동양식과 유사한 성향을 지닌 지원자를 선발하는 것이다.

그렇다면 우리나라 기업들의 대표적인 조직문화와 문화코드는 무엇일까? 필자들이 수년 동안 국내 기업들의 조직문화를 연구한 결과에 의하면 '규정'과 '절차'를 중시하는 위계지향적 문화가 다른 문화적 속성(관계지향, 혁신지향, 시장지향 등)보다 강한 것으로 나타났다. 또 대다수의 기업들이 규정과 절차를 중시하는 조직문화 속에 '안정성'이라는 문화코드를 가지고 있었다.

실제로 이러한 문화코드가 각인된 기업에서 일하는 직장인들은 공식화된 규정과 절차에 따라 업무를 수행하는 것이 일상화되어 있다. 관리자들도 규정과 절차로 조직을 운영하는 것에 안정감을 느낀다. 그래서 말로는 직원들에게 스티브 잡스의 혁신 마인드를 강조하지만 실제로는 혁신적인 사고를 가로막는 규정과 규제 중심의 인사관리를 하기도 한다.

네덜란드의 사회심리학자 기어트 홉스테드Geert Hofsted 박사는 국가별 기업문화 분석을 통해 우리나라 기업 종사자들은 '불확실성 회피' 성향이 강하고, '권력거리지수Power Distance Index, PDI'가 높다고 밝힌 바 있다. '불확실성 회피'란 일정한 규정과 체계가 없어 향후 상황에 대한 예측이 어려울 때 느끼는 불안의 정도를 말하며, 불확실성 회피 정도가 높은 기업일수록 규정과 절차가 주는 안정성을 더 선호한다는 설명이다.

권력거리지수는 권력 계층 간에 위계질서와 권위를 존중하는 정도를 나타내며, 권력거리지수가 높은 기업의 경우 상사와 부하직원 간 계층 거리가 그만큼 멀기 때문에 위계지향적 기업문화가 형성될 수밖에 없다는 분석이다.

기업문화는 하루아침에 만들어진 것이 아니기 때문에 쉽사리 바꾸기도 어렵다. 이런 문화코드가 형성된 기업은 신입사원 채용 과정에서도 위와 유사한 행동을 보인다. '끼'와 '개성'이 강한 인재를 원한다고 공고하고서도 실제 면접에서는 청바지를 입고 자유분방한 개성을 드러낸 지원자를 복장불량이라는 이유로 탈락시킨다. 기업 드레스코드에 어긋난 청바지 패션이 면접관들에게 불안정을 느끼게 하기 때문이다.

따라서 아무리 창의와 혁신을 강조하는 기업에 지원한다 하더라도 면접 시에는 예의에 어긋나지 않는 복장을 착용하고 면접관 앞에서 예의바른 태도를 보이도록 하자.

+ 자신을 파악하자

기업의 조직문화를 분석하고 이에 대응하기 위해서는 우선 자신이 어떤 사람인지부터 아는 것이 중요하다. 자신의 코드를 알아야만 취업하려는 기업과 자신의 코드가 맞는지, 맞지 않는지를 알고 향후 전략을 세울 수 있기 때문이다. 하지만 스펙 쌓기에 여념 없는 취업준비생들이 자신에 대해 깊이 생각해보거나 분석해보기란 쉽지 않다. 그래서 막상 자기소개서를 쓰려고 펜을 잡으면 쓸 말이 없다.

최근 지원자들은 현상에 대한 생각을 논리적으로 말하거나 사례를 분석하는 것은 능숙하게 해내지만, 정작 자신에 대한 질문에는 형식적이고 고리타분한 답변을 늘어놓는 경향이 있다. 인사담당자들은 이 점을 안타깝게 생각한다. 자신에 대한 정리도 잘 안 되는 사람이 회사 일은 과연 잘할 수 있을지 판단하기가 어렵기 때문이다.

어떻게 하면 자신에 대해 정확히 알 수 있을까? 우선 하루에 10분만이라도 조용한 곳을 찾아 자신을 되돌아보는 시간을 가져보자. 그리고 머릿속에서만 빙빙 맴돌고 있는 '나는 어떤 사람일까?'라는 형이상학적인 질문을 '내가 가장 원하는 것은 무엇일까?', '내 삶의 장기적인 목표는 무엇일까?', '내가 가장 소중하게 여기는 가치는 무엇일까?'와 같이 답을 종이에 적을 수 있는 형이하학적인 질문으로 바꿔보자. 이렇게 몇 가지 질문을 스스로에게 던지다 보면 자신이 어떤 사람인지 조금씩 깨닫게 될 것이다. 그리고 나서 자신의 모습을 지원하는 기업과 연결시킨다면 기업의 인재상에 부합한 자기소개서를 작성할 수 있다.

나 자신이 누구인지 아는 것은 비단 기업코드에 자신의 코드를 맞추는 것뿐만 아니라 자신의 성향과 맞는 기업을 선택하는 데에도 큰 도움이 된다. 내일로 미루지 말고 오늘 바로 자신을 되돌아보자. 그리고 종이에 글로 써보자. 여기에 써본 자신의 모습이 자기소개서의 각 항목들을 작성하고 면접을 대비하는 데 가장 훌륭한 기초 자료가 될 것이다.

[실습템플릿 2-1] 자기 분석표

자기 분석 질문에 대해 답을 작성해보자.

	자기 분석 질문	대답
미션	내가 세상에 존재하는 목적은 무엇인가?	
	내가 세상에 기여하고 싶은 것은 무엇이며, 세상에 기여할 수 있는 방법은 무엇인가?	
비전	내가 장기적으로 이루고 싶은 목표는 무엇인가?(예 : 10년 뒤)	
	10년 뒤 내가 어떤 모습이었으면 좋겠는가?	
핵심 가치	내가 가장 소중히 여기는 믿음과 신념은 무엇인가?	
	내 모든 판단과 의사결정, 행동에서 최소한의 기준으로 삼는 것은 무엇인가?	

+ 코드 변환

그런데 만약 입사하려는 기업의 조직문화가 자신과 전혀 맞지 않는다면 어떻게 해야 할까? 예를 들어 취업하고 싶은 기업의 코드는 '110볼트 콘센트'인데 자신의 코드가 '220볼트 플러그'라면 어떻게 해야 하나? 취업준비생 입장에서 선택할 수 있는 방법은 두 가지다. 하나는 110볼트 콘센트인 기업을 포기하고 220볼트 콘센트인 기업을 찾는 것이다. 다른 하나는 자신의 플러그를 220볼트에서 110볼트로 바꾸는 것이다. 어느 쪽을 지혜롭다고 할 수 있을까? 자신에게 맞는 기업을 찾는 것이 최상의 선택이라는 사실은 두말할 필요가 없다. 그러나 현실적으로 졸업을 얼마 남겨두지 않은 취업준비생이 자신과 코드가 맞는 기업을 찾기란 쉽지 않다. 차선으로 입사하고자 하는 기업의 조직문화와 자신과의 연결고리를 찾고 맞추는 데 더 많은 시간과 노력을 투자하자. 이것이 지혜로운 취업준비 방법이다.

이력서와 자기소개서의 각 항목들을 기업의 조직문화와 연계하고, 조직문화에 적합한 인재의 모습으로 면접을 준비해야 한다.

+ 조직문화 구성요소

취업을 준비하는 단계에서는 '기업문화의 아버지'로 불리는 에드거 샤인 Edgar H. Schein의 조직문화 모형을 기반으로 조직문화를 파악하는 것이 도움이 된다. 에드거 샤인은 조직문화를 외형적으로 인식할 수 있는 '가시적 표상artifacts', 구성원들이 일반적으로 인식하고 공유하는 행동원칙과 규범인 '가치values', 조직에서 무의식적으로 자연스럽게 받아들이는 '기본 전제basic assumptions'로 나누어 이들 간의 상호작용으로 조직문화를 분석했다.

가시적 표상은 기업의 인재상hero, 직원들의 행동양식rituals, 유니폼과 사원증 같은 상징symbols이 대표적인 예이다. 구성원들의 행동지침이 되는 가치의

[표 2-1] 조직문화 구성요소

구성요소	의미	예시
가시적 표상	조직문화를 표면적으로 인식할 수 있는 요소	**인재상, 행동양식,** 성공신화, 상징, 통제체제, 조직구조
가치	구성원들이 일반적으로 인식하고 공유하는 원칙과 규범	**핵심가치, 경영이념,** 경영원칙
기본 전제	아무런 논의 없이 구성원들이 무의식적으로 자연스럽게 받아들이는 가정	• 기업은 수익을 창출해야 한다 • 업무 몰입도가 높은 직원의 성과가 높다

대표적인 예로는 기업의 핵심가치, 경영이념, 경영원칙을 말할 수 있다. 기본 전제는 조직에서 반복된 성공을 통해 조직원 모두가 정당하게 여기고 공유하는 암묵적 철학, 신념 등으로 구성원들의 가치와 행동의 원천이 된다.

이 책에서는 조직문화 구성요소들 가운데 취업준비생들이 쉽게 이해하고 자기소개서와 면접에 적용할 수 있는 경영이념, 핵심가치, 인재상, 행동양식에 대해 보다 자세히 알아보겠다.

2 경영이념, 핵심가치, 인재상, 행동양식을 분석하라

+ 창업주의 경영이념을 무시하지 말라

경영이념은 창업주나 최고경영자가 기업을 경영하는 데 있어 행동지침으로 삼는 신념이며, 기업의 근간이 되는 정신을 말한다. 이것은 기업이 사회에 존재하는 목적과 이유를 나타내며 기업이 궁극적으로 지향하는 방향을 나타내기 때문에 시간이 지나도 변하지 않는 사명론적 속성을 지닌다.

취업준비생은 입사를 원하는 기업의 경영이념을 통해 창업주가 어떤 정신과 의지로 기업을 창업했는지, 또 현재 최고경영자는 어떤 기업정신으로 조직을 이끌고 있는지 파악할 수 있다. 또한 경영이념을 파악하면 기업에 면면히 이어져 내려오는 조직문화를 이해하게 되어 그것에 맞춰 자기소개서를 작성하고 면접을 대비할 수 있다.

한국능률협회컨설팅KMAC이 조사·발표하는 '한국에서 가장 존경받는 기업'에 11년 연속 선정된 유한양행의 예를 들어보자.

유한양행의 창업주인 고故 유일한 박사는 '가장 좋은 상품을 만들어 국가와 동포에게 도움을 주자'는 창업정신으로 1926년 유한을 창립했다. 그 뜻은

[기업사례 2-1] 유한양행 경영이념

유한양행 홈페이지 http://www.yuhan.co.kr

88년이 지난 오늘날까지 이어져 '우수의약품 생산을 통한 국민 건강 향상에 기여', '성실한 납세를 통한 국가경제 발전에 기여', '기업이윤의 사회환원을 통한 사회복지 증진에 기여'란 기업이념으로 구체화되어 유한양행 기업문화의 토대가 되었다. 그리고 유한양행의 기업이념이 강조하는 가치인 '성실', '정직', '기업의 사회적 책임'은 핵심가치가 되고 있고, 이는 오늘날 유한양행 기업문화의 한 틀을 형성하고 있다.

이와 같이 유한양행 창업주의 창업정신과 기업이념, 핵심가치를 통해 조직문화를 이해하게 되면, 자기소개서를 작성할 때 유한양행 조직문화에 자신을 긴밀하게 연계시킬 수 있다.

기업의 경영이념에는 조직이 추구하는 핵심가치가 내재되어 있다. 조직이 커지면 커질수록 기업 경영에 있어 핵심가치와 기업문화의 역할 또한 커지기 때문이다. 조직원 모두가 기업이 지향하는 가치를 공유하고 이에 따라 행동하면 아무리 커다란 조직도 일관된 방향으로 나갈 수 있다. 때문에 실제로 많은 기업들이 경영이념을 핵심가치와 연계하여 기업이 지향하는 가치와 신념을 강조한다. 따라서 기업의 경영이념을 파악할 때는 핵심가치를 동시에 파악하는 것이 기업의 조직문화를 이해하는 데 큰 도움이 된다.

+ 핵심가치를 알아야 취업의 문이 열린다

핵심가치는 조직이 본질적으로 가장 소중하게 여기며 지속적으로 추구하는 믿음과 신념을 의미한다. 기업의 모든 의사결정과 행동방식에서 최소 기준이 된다. 기업의 핵심가치는 곧 기업의 성공과도 직결된다.

기업의 조직문화를 가풍家風에 비유하자면, 핵심가치는 한 집안의 가풍을 가장 잘 나타내는 가훈家訓이다. 즉 집안 대대로 이어오는 특유의 행동양식인 가풍은 그 집안의 생활양식을 집약적으로 표현한 가훈을 통해 가장 잘 느낄 수 있다. 따라서 핵심가치를 통해 가풍과도 같은 기업의 조직문화를 이해한다는 것은, 조직구성원들이 일정한 대상이나 행동에 대해 무의식적으로 자연스럽게 부여하는 의미인 코드를 파악할 수 있는 가장 좋은 방법이 된다.

최근에는 많은 기업들이 핵심가치의 중요성을 인식하고 핵심가치를 행동규범이나 실천원칙, 나아가 평가지표로까지 구체화시키며 기업의 경영전략 및 인사제도와 적극적으로 연계하고 있다. 신입사원을 채용하는 과정에서도 마찬가지다. 자기소개서에 기업의 핵심가치가 어느 정도 반영되었는지 꼼꼼히 살펴보며, 지원자가 우리 기업의 핵심가치에 부합하는 사람인지 평가한다.

면접에서도 핵심가치는 채용의 중요한 판단 기준이 된다. 지금도 많은 기업들은 지원자가 기업의 핵심가치에 부합한 인성을 지녔는지 임원진 면접을 통해 심도 있게 검증하고 있다. 면접 평가표를 만들 때부터 면접질문과 이에 대

[표 2-2] 핵심가치를 활용한 채용 면접 평가표 예시

다음 핵심가치 항목에 대해 지원자의 수준을 평가해주십시오.						
핵심가치	질문 1	S (5)	A (4)	B (3)	C (2)	D (1)
열정	어떤 일을 할 때 가장 애정이 생기고 신명이 납니까?	성취감과 성장을 함께 경험할 수 있는 일을 할 때	성취감 또는성장을 경험할 수 있는 일을 할 때	타인에게 인정받을 수 있는 일을 할 때	제한된 시간 내에 끝낼 수 있는 일을 할 때	일을 할 때 애정이 생기지 않음
핵심가치	질문 2	S (5)	A (4)	B (3)	C (2)	D (1)
신뢰	타인으로부터 신뢰를 받기 위해 필요한 것은 무엇이라고 생각합니까?	전문성, 인성, 관계에 대한 명확한 답변	전문성, 인성, 관계 중 2개 요소만 답변	전문성, 인성, 관계 중 1개 요소만 답변	신뢰에 대한 과거 자신의 경험을 소개하는 답변	신뢰에 대한 인식 부족
핵심가치	질문 3	S (5)	A (4)	B (3)	C (2)	D (1)
정직성	상사가 부당한 업무를 지시한다면 어떻게 하겠습니까?	업무 지시의 목적을 파악한 후, 정확하고 간결하게 거절함	부당한 지시라서 단호하게 거절함	차상위자에게 상사의 부당한 업무 지시를 보고함	못 들은 척하고 가만히 있음	무조건 따름

한 답변에서 핵심가치의 적합성 여부를 구별할 수 있는 구체적인 행동지침을 포함시킨다. 외국계 기업 중에는 회사의 핵심가치에 부합된다고 판단되는 지원자에게만 채용 인터뷰 기회를 주는 곳도 있다.

따라서 면접에서 좋은 인성 평가점수를 받고 싶다면 지원 기업의 핵심가치를 토대로 예상 질문 리스트를 뽑아 본인의 경험과 가치를 정리하고 실제 면접처럼 꾸준히 연습하자.

+ 기업의 인재상과 내 모습이 다르면 불합격된다

기업은 인재상을 통해 조직이 장기적으로 육성하고 싶은 인재의 모습을 보여준다. 또한 인재상을 통해 기업이 현재 가장 중요하게 여기는 조직의 핵심가치와 기업이 원하는 역량이 무엇인지 명시한다. 즉 핵심가치와 요구역량의 조합을 인재상이라 말할 수 있다.

인재상은 경영이념이나 핵심가치와는 달리 기업 내·외부 경영환경 변화와 조직의 수명주기에 따라 변한다. 이와 관련하여 대한상공회의소가 매출액 순위 상위 100대 기업의 인재상을 조사한 〈100대 기업이 원하는 인재상 보고서〉에 의하면, 2008년에는 '창의성'을 첫 번째 덕목으로 꼽은 반면, 5년이 지난 2013년엔 '도전정신'을 첫 번째 덕목으로 꼽은 것으로 나타났다.

자신의 모습이 취업하려는 기업의 인재상에 가까울수록 입사에 성공할 확률은 높아진다. 그러므로 지원 기업의 인재상을 통해 기업이 추구하는 핵심가치와 지원자에게 요구하는 역량을 동시에 파악하도록 하자. 그리고 핵심가치와 마찬가지로 인재상을 자기소개서에 최대한 연계시키도록 한다. 면접에서도 인재상의 요소들에 자신의 모습을 잘 연계하여 표현하도록 한다.

+ 직원들의 행동을 유심히 관찰하라

기업마다 문화적 유전자가 다르듯이 직원들의 행동양식도 다르다. 간단한 예를 들어보자. 관계지향적 속성이 강한 A기업의 직원들은 점심을 부서원들과 함께 먹는 행동이 '기쁨'인 반면, 개인주의적 조직문화가 강한 B기업의 직원들은 부서원들과 점심을 먹는 행동이 '억압'일 수 있다. 따라서 자신이 지원하는 기업의 조직문화가 무엇인지 직원들의 행동양식을 통해 파악함으로써 기업코드에 맞춰 취업을 준비해야 한다.

앞서 언급한 경영이념과 핵심가치, 인재상이 기업이 추구하는 목표의 성격이 강하다면, 직원들의 행동양식은 조직문화의 현재 모습을 잘 나타낸다. 따라서 입사를 원하는 기업의 직원들이 무의식적으로 행동하는 방식을 파악한다면 보다 심층적으로 조직문화를 이해할 수 있다.

[기업사례 2-2] 금융감독원 인재상

금감원의 인재상를 통해, 금감원이 추구하는 핵심가치(예:업무능력)와 입사지원자에게 요구하는 역량(예 : 전략적 사고, 의사소통 능력)이 무엇인지 파악할 수 있다.

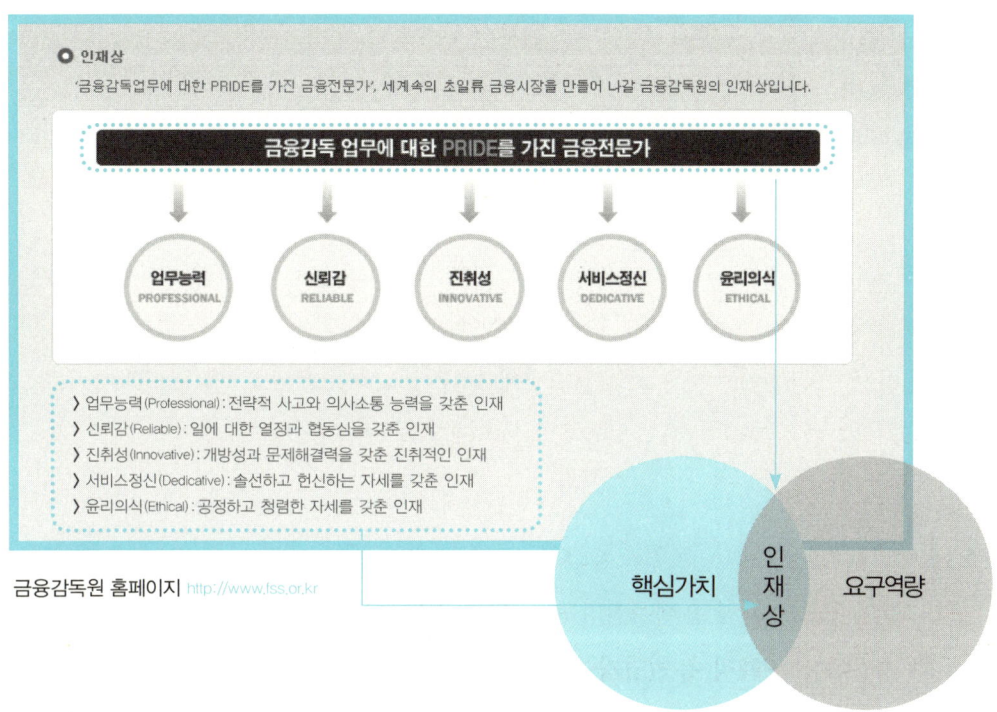

◉ 인재상

'금융감독업무에 대한 PRIDE를 가진 금융전문가', 세계속의 초일류 금융시장을 만들어 나갈 금융감독원의 인재상입니다.

금융감독 업무에 대한 PRIDE를 가진 금융전문가

| 업무능력 PROFESSIONAL | 신뢰감 RELIABLE | 진취성 INNOVATIVE | 서비스정신 DEDICATIVE | 윤리의식 ETHICAL |

❯ 업무능력(Professional) : 전략적 사고와 의사소통 능력을 갖춘 인재
❯ 신뢰감(Reliable) : 일에 대한 열정과 협동심을 갖춘 인재
❯ 진취성(Innovative) : 개방성과 문제해결력을 갖춘 진취적인 인재
❯ 서비스정신(Dedicative) : 솔선하고 헌신하는 자세를 갖춘 인재
❯ 윤리의식(Ethical) : 공정하고 청렴한 자세를 갖춘 인재

금융감독원 홈페이지 http://www.fss.or.kr

핵심가치   인재상   요구역량

3 조직문화 분석법, A to Z

+ 기업의 홈페이지를 방문하라

일반적으로 기업 홈페이지의 회사소개 메뉴란에는 창업주나 최고경영자CEO의 경영이념, 경영원칙, 기업정신 등이 상세히 설명되어 있다. 그리고 채용정보 메뉴란을 보면 기업의 핵심가치와 인재상에 관한 정보가 명시되어 있다.

+ 언론기사, 사보, 서적을 통해 정보를 수집하라

창업주나 최고경영자가 언론과 인터뷰한 기사들을 검색해보자. 특히 사보에 실린 대표이사의 취임사, 신년사, 창립기념사, 칼럼 등은 기업의 경영이념과 핵심가치를 파악하는 데 큰 도움을 준다.

또한 창업주의 자서전이나 경제·경영 분야 서적, 정보지의 글들을 찾아 읽는 것도 좋은 방법이다.

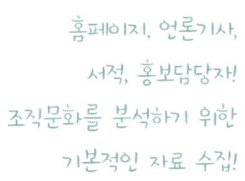

홈페이지, 언론기사,
서적, 홍보담당자!
조직문화를 분석하기 위한
기본적인 자료 수집!

+ 홍보담당자와 면담하라

홍보담당자와 만나 조직문화와 관련해 궁금한 사항들을 물어보면 크게 도움되는 정보를 얻을 수 있다. 예컨대 기업문화 형성의 성공사례로 직원들 사이에서 회자되거나 직원교육 시 사용하는 에피소드, 일화 등이 무엇인지 질문해보는 것이다.

특히 기업들 중에는 홈페이지에 명시된 경영이념이나 핵심가치, 인재상을 근래에 수정하거나 재정립한 기업들이 있다. 만에 하나 발생할 수 있는 실수를 예방하려면 홈페이지 정보에만 의존하지 말고 홍보담당자를 통해 다시 한 번 확인하는 것이 좋다.

또한 홍보 브로슈어를 포함한 기업 관련 자료를 입수하여 자기소개서를 작성하는 데 도움이 될 만한 정보들은 정리해놓도록 하자. 사실 취업준비생들 가운데 기업의 홍보부서를 직접 방문하는 사람이 별로 없어서 그렇지 홍보담당자들은 방문하고 싶어 하는 취업준비생들을 싫어하지는 않는다.

+ 직원들을 만나라

입사를 희망하는 기업에 근무하는 선배나 후배, 친구들을 직접 만나 살아 있는 이야기를 들어보자. 해당 기업에서 일하는 직원들이 기업의 조직문화를 가장 잘 알고 있다는 것은 너무나 당연한 사실이다. 때문에 그들과 대화를 나누다 보면 조직문화를 생생하게 파악할 수 있다.

앞서 언급한 기업의 홈페이지, 언론기사, 사보, 서적 등을 통해 기업과 관련한 사항들을 최대한 파악한 후, 직원들과 이야기를 나눠보도록 하자. 수집한 자료를 읽으면서 궁금했던 것들을 질문해보고 왜 이러한 경영이념, 핵심가치, 인재상 등을 정하게 되었는지 물어보면 예상하지 못했던 고급 정보들도 얻을 수 있다.

+ 멘토링 프로그램에 참여하라

요즘 많은 대학들이 학생들의 취업률을 높이기 위해 다양한 취업 역량 강화 프로그램을 시행하고 있다. 대표적인 예가 졸업 후 각 기업에 진출한 선배들과 재학생들의 만남을 주선하거나 선배 특강 형식으로 각 업종에 진출한 전문가들을 초청하여 특강을 진행하는 것이다. 관심을 갖고 찾아보면 이러한 프로그램들을 쉽게 접할 수 있다.

멘토링 프로그램에 적극적으로 참가하여 관심 있는 기업에 근무하고 있는 선배들과 직접 만나보도록 하자. 또한 특강 강사에게 연락을 취해보자. 그들은 대부분 학교와 후배에게 남다른 애정이 있다. 특강 후 이메일 주소를 알려주면 꼭 한번 연락해보자. 대학에서 진행하는 프로그램에 멘토나 강사로 참여했던 선배들에게 메일을 보내면 긍정적인 답변을 얻을 확률이 높다.

+ 직접 방문해서 관찰하라

기업을 방문해서 직원들의 행동과 일하는 분위기 등을 직접 관찰하자. 이는 직원들의 행동양식을 파악할 수 있는 가장 좋은 방법이다. 또한 자기소개서를 작성할 때 지원 기업의 직원들을 직접 관찰한 경험을 '지원 동기' 항목에서 언급하면 입사에 대한 간절한 마음과 열정, 적극성 등을 보다 효과적으로 증명할 수 있다. 면접 시에도 직원들의 모습을 보면서 입사에 대한 간절함이 커지게 되었음을 말한다면, 면접관에게 깊은 인상을 남길 수 있다.

[표 2-3] 조직문화 파악 방법별 효율성

조직문화 구성요소 / 파악 방법	경영이념	핵심가치	인재상	행동양식
기업 홈페이지	높음	높음	높음	보통
언론기사, 사보, 서적	높음	높음	높음	보통
홍보담당자와 면담	매우 높음	매우 높음	매우 높음	높음
직원들과의 만남	보통	높음	매우 높음	매우 높음
멘토링 프로그램 참여	보통	높음	매우 높음	높음
직접 방문 관찰	낮음	낮음	보통	매우 높음

4 기업의 조직문화 유형을 도출하라

조직문화의 구성요소들이 통합되어 체계를 이룬 문화유형文化類型을 알게 된다면 지원 기업의 조직문화를 보다 명확히 파악할 수 있다. 경쟁력 있는 자기소개서와 면접 준비는 조직문화의 파악으로부터 시작됨을 다시 한 번 명심하자.

취업준비 단계에서는 조직문화 분야의 권위자인 킴 카메론Cameron, K. S과 로버트 퀸Quinn, R. E의 경쟁가치모형The Competing Values Framezrk으로 입사를 희망하는 기업의 조직문화 유형을 도출해볼 수 있다. 경쟁가치모형은 두 가지 차원을 기준으로 네 가지 조직문화 유형을 분류한다.

[그림 2-1]을 보면 알 수 있듯이 X축 차원은 내부지향과 통합Internal Focus and Integration, 외부지향과 차별External and Discretion이며, Y축 차원은 유연성과 자율성Flexibility and Discretion, 안정과 통제Stability and Control이다. 이를 기준으로 관계지향 문화Clan Culture, 혁신지향 문화Adhocracy Culture, 시장지향 문화Market Culture, 위계지향 문화Hierarchy Culture로 나눌 수 있다.

[그림 2-1] 경쟁가치모형

조직문화 유형	특징	유사한 조직문화 유형
관계지향 문화	구성원들간의 신뢰, 팀워크, 참여, 사기를 강조하며, 인력양성과 조직몰입을 중시함	공동체 문화, 집단 문화, 친화 문화, 네트워크형 문화
혁신지향 문화	구성원들의 창의성, 기업가정신, 위험감수를 강조하며, 자율성과 성장성을 중시함	발전 문화, 진취 문화, 개방형 문화
시장지향 문화	조직의 성과목표 달성과 과업수행에서의 생산성을 강조하며, 경쟁력과 수익성의 가치를 중시함	합리 문화, 시장친화 문화, 시장중심 문화, 성과중심 문화
위계지향 문화	규정에 의한 규제와 질서를 강조하며, 조직운영을 위한 통제와 조직내부 효율성을 중시함	관료 문화, 권위주의 문화, 프로세스 문화, 과정중심 문화

수정인용 : 《Diagnosing and Changing Organizational Culture》, Kim S. Cameron & Robert E. Quinn, Jossey-Bass, 2006.

[기업사례 2-3] 노드스트롬(NORDSTROM) 조직문화 분석

조직문화 구성 요소별 내용 파악   조직문화 유형 파악

구성 요소	주요 내용
경영이념	고객에게 최고의 서비스, 구색, 품질, 가치 제공 (John W. Nordstrom's founding philosophy : Offer the customer the best possible service, selection, quality and value.)
핵심가치	고객 서비스 (Customer Service)
인재상	• 최고의 고객 서비스를 제공하는 인재 • 고객과 강한 유대감을 형성하는 인재 • 고객을 기쁘게 하기 위해 최선을 다하는 인재 • 모든 상황에서 자신의 판단을 믿고 최고의 판단을 내리는 인재
행동양식	• 노드스트롬 백화점에 항공권을 놓고 간 고객을 위해 판매직원이 항공권을 들고 공항까지 달려감 • 각 고객마다 고객수첩을 만들어 고객이 좋아하는 스타일, 어떤 제품을 사려다가 망설였는지 등을 기록하고 관리함

조직문화 유형

관계지향 문화

• 신뢰
직원들의 고객 응대 능력을 신뢰함.

• 권한위임
현장 판매직원에게 모든 권한을 위임함. 판매직원이 고객불만을 즉각 처리하고 환불도 직원 판단에 따라 처리함.

• 고객감동 서비스
고객에게 제품을 판매하는 것이 아니라 관계를 판매함. 고객과 감동을 나눔.

※ 《The Nordstrom Way to Customer Service Excellence》, Robert Spector & Patrick D. McCarthy, John Wiley & Sons, 2012.

[실습템플릿 2-2] 지원 기업 조직문화 분석표

입사를 희망하는 기업의 조직문화 구성 요소들(경영이념, 핵심가치, 인재상, 행동양식)을 파악한 후 조직문화 유형을 도출해보자.

조직문화 구성 요소별 내용 파악   ### 조직문화 유형 파악

구성 요소	주요 내용	조직문화 유형
경영이념		
핵심가치		
인재상		
행동양식		

기업의 경영환경 분석은 취업할 때뿐만이 아니라 향후 성공적인 직장 생활
의 발판이 된다. 기업의 경영 활동은 경영환경 분석을 통해 전략을 수립하
고, 수립한 전략을 성공적으로 실행함으로써 성과를 극대화하는 과
정이다. 때문에 초기에 경영환경을 제대로 분석하지못하면 이후에도
제대로 된 전략수립과 원하는 성과도 기대할 수 없다는 것을 명심하라.

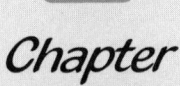

Chapter

3

기업분석 전략 둘, 경영환경

1 정석대로 경영환경을 분석하라

경영환경 분석 틀로 기업의 경영환경을 철저히 분석한다면 취업전쟁에서 유리한 고지를 점령할 수 있다. 남다른 열정과 역량을 갖춘 지원자라는 인상을 줄 수 있기 때문이다. 하지만 얕은 수준의 지식과 정보로 어정쩡하게 경영환경을 분석하고 면접에 임한다면, 도리어 면접관에게 아는 척만 하는 지원자로 낙인 찍힐 수 있다.

기업은 수시로 변하는 환경 속에서 끊임없이 기존 전략을 재점검하고 수정하면서 실행하는 곳이다. 때문에 기업 홈페이지와 인터넷 검색으로 수집한 자료에만 의존하지 말고 직접 기업을 방문하거나 기업 관계자와의 전화 통화를 통해 최신 자료와 정보를 입수하도록 하자.

또한 스터디 그룹을 꾸려 함께 정보를 교류하고 기업을 분석하다 보면 심층적으로 경영환경을 분석할 수 있다. 정보는 시간과 발로 뛰는 노력의 양만큼 얻을 수 있음을 명심하자.

그렇다면 입사를 희망하는 기업의 경영환경을 분석해야 하는 이유는 무엇일까?

첫째, 취업에 성공할 수 있다는 자신감을 키울 수 있다.

왜 취업준비생들은 면접을 볼 때 불안해할까? 면접에서 당락이 판가름 난다는 생각에 긴장이 될 수도 있겠지만, 자신이 입사하려는 기업을 잘 모른다는 사실이 불안감을 가중시키는 경우가 더 많다. 불안은 알지 못하는 대상에게서 느끼는 일종의 두려움이다. 알면 대처할 수 있고 대처할 수 있다는 믿음이 있을 때 두려움은 줄어든다. 이러한 자신감은 자기소개서나 면접을 볼 때 어떤 형태로든 표현되기 때문에 취업 성공의 길을 다져줄 수 있다.

둘째, 다른 지원자들보다 훨씬 더 많은 지식과 정보를 획득할 수 있다.

이를 통해 기업에 대한 자신의 관심과 입사에 대한 강인한 의지, 간절함, 열망을 다른 지원자들보다 강하게 표출할 수 있다. 만약 당신이 기업의 인사담당자라면 기업에 대한 단편적인 사실만 아는 지원자와 기업이 추구해야 할 전략까지 심층적으로 분석한 지원자 중 어떤 사람을 조직구성원으로 뽑고 싶겠는가?

셋째, 탄탄한 경영환경 분석은 내실 있는 자기소개서와도 직결된다.

예컨대 입사하려는 기업이 최근 주력하고 있는 사업영역이나 새로 개척하려는 제품과 시장 등에 대해 분석한 내용을 자기소개서의 '지원 동기'나 '입사후 포부' 항목과 연계하여 제시하는 것이다.

실제로 자기소개서에 자사 제품이나 서비스 중 하나를 선택해서 경쟁사와 비교 분석한 후, 개선방안을 기술하라는 기업들도 있다. 이렇게 자신이 다른 지원자들보다 해당 기업에 대해 뛰어난 분석력을 갖추고 있음을 자기소개서를 통해 증명한다면, 기업이 원하는 인재가 바로 자신이라는 인상을 줄 수 있다.

넷째, 실질적인 경영환경 분석은 효과적인 면접 준비에도 주효하다.

주요 기업들은 프레젠테이션 면접방식을 통해 직무 역량을 검증한다. 최근 프레젠테이션 면접 경향을 보면, 실제 기업사례를 제시하고 기존 사업의 개선방안이나 신시장, 신사업 분야 개척을 위한 전략을 도출하라는 과제들이 주로

Self Questioning 나는 대접 받으며 취업할 준비가 됐는가?

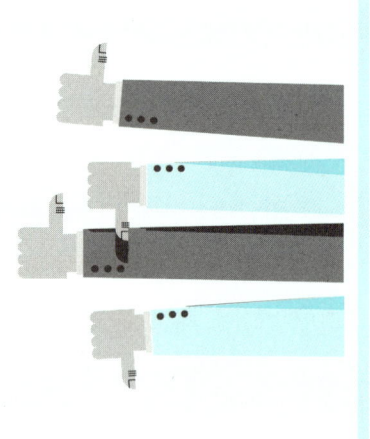

G기업 신입사원 공채 면접에서 기업의 경영환경과 추진 전략을 상세히 분석한 지원자가 있었다. 그는 면접장에서 군계일학처럼 돋보였고, 모든 면접관들이 그에게 관심을 보이며 질문했다. 입사한 후 그에게 비결을 물어보니 지원한 모든 기업들의 경영환경과 추진 전략을 철저히 분석했다고 한다. 그 결과 지원한 모든 기업에 합격했고, 그를 데려가기 위해 각 기업의 임원들이 별도로 연락을 취할 정도였다. 취업이 "하늘의 별 따기"만큼 어렵다 하더라도 이렇게 대접을 받으며 입사할 기업을 선택할 수 있는 방법이 있다면, 충분히 시도해볼 만하지 않은가?

출제되고 있다. 이때 해당 주제에 대해 생각할 수 있는 시간은 한 시간 내외다. 이 짧은 시간에 대기실에서 시장분석이라든가 기업전략을 수립하려면 사전에 충분한 지식과 정보가 있어야 한다.

경영환경 분석은 프레젠테이션 면접뿐만 아니라 집단 면접이나 토론 면접에서도 위력을 발휘한다. 경영환경 분석 내용들을 자신의 주장을 뒷받침하는 논리적 근거로 활용한다면 면접관들의 고개를 끄덕거리게 할 수 있을 것이다.

다섯째, 자신의 논리적이고 전략적인 업무 수행 능력을 입증할 수 있는 기회를 제공한다.

기업에서 경영환경 분석은 모든 업무의 시발점이다. 기업전략 수립이나 마케팅, 생산, 영업 등 어떤 업무를 수행하더라도 담당자는 경영환경을 제일 먼저 분석한다. 경영환경 분석을 통해 전략을 수립하고 실제 전략을 실행함으로써 매출 증대와 같은 가시적인 성과를 창출한다. 따라서 인사담당자나 면접관들이 자기소개서나 면접에서 지원자의 분석력과 논리적 사고, 전략적 사고를 인지하게 된다면, 지원자의 역량을 높이 평가할 수밖에 없다.

뿐만 아니라 지원자가 단순한 취업준비생이 아닌 해당 기업에서 함께 전략을 짜고 업무를 수행할 수 있는 능력을 가진, 잠재적인 조직의 일원이라는 인상을 심어줌으로써 기존 직원과 같은 익숙함과 동질감을 극대화할 수 있다.

2 경영환경 분석의 기본을 알라

기업의 경영환경 분석은 취업할 때뿐만이 아니라 향후 성공적인 직장 생활의 발판이 된다. 기업의 경영활동은 경영환경 분석을 통해 전략을 수립하고, 수립한 전략을 성공적으로 실행함으로써 성과를 극대화하는 일련의 과정이다. 때문에 초기에 경영환경을 제대로 분석하지 않거나 잘못 분석하면 제대로 된 전략을 세울 수 없을뿐더러 원하는 성과도 기대할 수 없다는 것을 명심하자.

[그림 3-1] 기업의 경영활동
취업준비 단계에서는 기업의 경영환경(외부환경과 내부역량)을 분석한 후 전략을 수립해보는 것이 좋다.

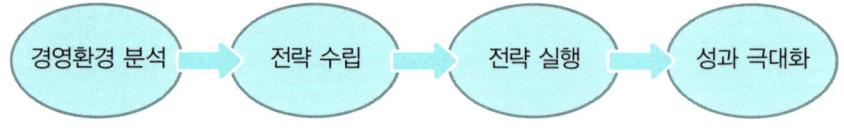

기본 중의 기본, 기업의 경영환경 분석방법을 우선 개괄적으로 살펴보자. 기업의 경영환경은 크게 외부환경과 내부역량으로 나눌 수 있다. 기업의 외부

[그림 3-2] 경영환경 분석방법

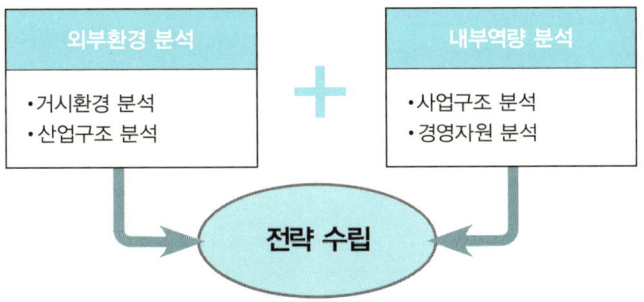

[그림 3-3] 경영환경 분석 기본 틀

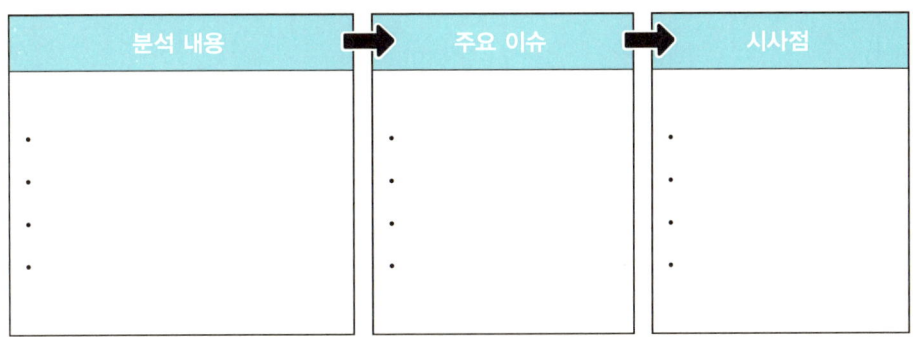

환경을 분석하는 대표적인 방법으로는 거시환경 분석과 산업구조 분석이 있으며, 내부역량을 분석하는 대표적인 방법은 사업구조 분석과 경영자원 분석을 들 수 있다.

　기업의 경영환경을 분석할 때는 분석한 내용을 기반으로 주요 이슈를 도출한 후, 이를 개선하거나 해결할 수 있는 시사점을 끌어내면 된다. 이와 같은 방법으로 도출한 시사점을 기반으로 스왓SWOT 분석, 기업전략삼각형Corporate Strategy Triangle, 전략다이아몬드Strategy Diamond 프레임워크를 활용해 기업의 전략을 수립할 수 있다. 이제 단계별로 차근차근 경영환경 분석의 묘妙를 터득해보자.

3 컨설턴트처럼 경영환경을 분석하라

+ 기초자료를 수집하자

경영환경 분석을 위한 기본 개념과 과정을 숙지했다면 이제 입사하려는 기업의 경영환경 분석을 위한 기초자료를 수집해야 한다. 일반적으로 기업 홈페이지의 투자정보Investor Relation, IR 메뉴란을 이용하면, 기업의 경영정보, 주식정보, 재무정보, 공시정보, IR자료 등 기업의 경영활동과 관련한 기본적인 자료들을 수집할 수 있다.

기초자료를 수집하는 또 다른 방법은 금융감독원 전자공시시스템DART(http://dart.fss.or.kr)을 이용하는 것이다. 상장법인의 공시정보는 전자공시시스템에서 쉽게 검색하고 조회할 수 있다. 특히 공시정보 가운데 사업보고서는 기업의 개요뿐만 아니라, 일정 기간 기업의 사업내용과 재무상황, 임원 및 직원 등에 관한 사항, 경영실적 등 기업 활동의 전반적인 사항들이 담겨 있기 때문에 경영환경을 분석하는 데 유용한 자료가 된다.

금감원 전자공시시스템 이외에도 대한상공회의소가 운영하는 코참비즈KORCHAM BIZ(www.korchambiz.net), 증권사 리서치센터의 기업분석보고서, 최근

[기업사례 3-1] 만도 홈페이지 '투자정보'

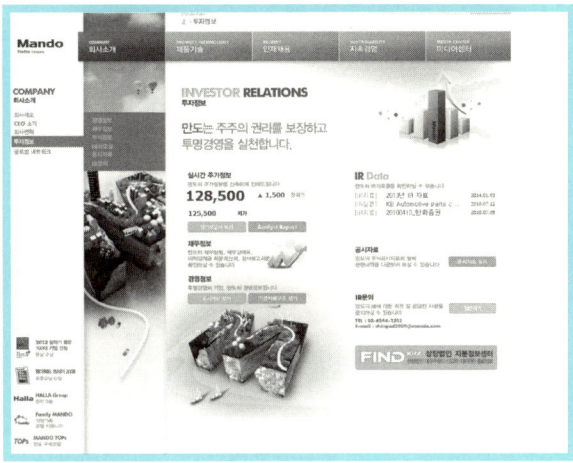

만도 홈페이지 http://www.mando.com

[그림 3-4] 전자공시시스템 회사별 검색 - 현대자동차 사업보고서

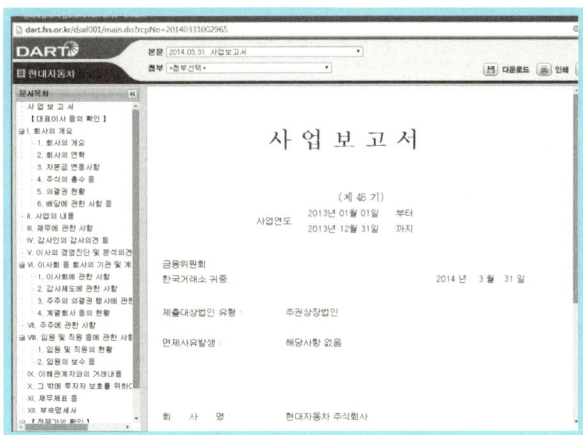

금융감독원 전자공시시스템 http://dart.fss.or.kr

1년간 주요 일간지의 경제 관련 기사들을 통해 업계 동향이라든가 시장 상황, 경쟁사 정보 등 기업 외부환경 분석에 필요한 기초자료를 수집할 수 있다.

이 밖에도 입사하려는 기업에 근무하는 선배나 후배, 친구를 통해 기업에 관한 밀착형 정보를 얻도록 해보자. 기업 홍보팀이나 경영지원팀에 직접 전화를 걸어 궁금한 사항들을 물어보는 것도 권장할 만한 방법이다. 대부분의 기업들이 외부로 유출되면 안 되는 민감한 정보들 말고는 친절하게 알려줄 것이다.

+ 경영환경의 주요 분석 대상을 파악하자

지원 기업과 관련한 기초자료를 수집했다면, 이제 경영환경의 주요 분석 대상을 살펴볼 차례다. 경영환경의 주요 분석 대상은 주로 고객Customer, 자사 Company, 경쟁자Competitor, 즉 3C로 나뉜다. 3C 분석은 경영컨설턴트이자 《맥킨지 문제 해결의 기술》 저자인 오마에 겐이치Omae Kenichi가 제안한 분석법으로, 비교적 짧은 시간 내 기업 경영환경의 주요 분석 대상을 이해할 수 있는 유용한 프레임워크다.

3C 분석에서 고객에 대한 분석에는 표적시장target market, 시장규모와 성장성, 고객의 욕구와 특성 등에 대한 분석이 포함된다. 자사에 대한 분석은 자사의 주요 제품과 서비스, 자사의 목표, 자사의 강점과 약점 등이 주를 이룬다. 경쟁자에 대한 분석은 주요 경쟁자, 경쟁자의 강점과 약점, 잠재적 경쟁자 등을 대상으로 한다.

+ 기업의 외부환경을 분석하자

3C 분석을 통해 고객과 자사, 경쟁자에 관한 분석을 마쳤다면, 그 다음에는 거시환경 분석과 산업구조 분석을 통해 기업의 외부환경을 분석해야 한다.

[기업사례 3-2] R여행사 3C 분석

요소	분석 항목	분석 내용	➡️ 주요 이슈
고객	표적시장	•20~50대 직장인	•해외여행 시장규모 확대
	시장규모와 성장성	•내국인 출국자 6.4% 증가 •해외카드 사용액 연간 100억 달러 돌파	•해외관광 지출액 증가
	고객 욕구와 특성	•특화된 여행상품을 통해 여가와 휴식, 문화를 함께 누리기를 원함	•여행을 통해 얻고자 하는 고객들의 욕구 다양화
자사	자사 제품과 서비스	•서유럽문화기행, 동유럽박물관기행, 중국역사탐방	•자사의 가격경쟁력 및 홍보력 취약
	자사의 목표	•여행의 통합적 가치 제공 (여가, 휴식, 문화체험, 교육)	•여행자 수요에 비해, 문화체험 전문 여행 업체수가 적음
	자사의 강점과 약점	•강점 : 유적지 탐사 전문 가이드 •약점 : 상품가격, 광고홍보	
경쟁자	주요 경쟁자	•현지 전문 여행사, 대형 여행사	
	경쟁자 강점과 약점	•강점 : 상품가격, 홍보, 유통 •약점 : 맞춤식 특화상품	
	잠재적 경쟁자	•대형 항공사, 카드사	

시사점

•여가와 휴식, 문화체험을 동시에 누릴 수 있는 여행상품 개발이 필요함

•특화된 여행상품으로 가격경쟁의 열세를 극복함

•입소문 마케팅을 통한 저비용 고효율 광고 전략이 필요함

[실습템플릿 3-1] 지원 기업 3C 분석표

3C로 입사를 희망하는 기업의 경영환경을 분석한 후, 주요 이슈와 시사점을 도출해보자.

요소	분석 항목	분석 내용	➡️ 주요 이슈
고객	표적시장		
	시장규모와 성장성		
	고객 욕구와 특성		
자사	자사 제품과 서비스		
	자사의 목표		
	자사의 강점과 약점		
경쟁자	주요 경쟁자		
	경쟁자 강점과 약점		
	잠재적 경쟁자		

시사점

① 거시환경 분석

먼저 FAW Forces At Work로 기업의 거시환경부터 분석해보자. FAW는 3C에 영향을 미치는 정부정책(예 : 소비자보호, 환경규제, 대체휴일제 등), 경제(예 : 물가, 임금, 주가, 부동산 등), 사회문화(예 : 소비자트렌드, 인구·가족구조, 기술혁신 등), 국제관계(예 : 비자면제협정, 자유무역협정, 국제 탄소배출량 규제 등) 등 거시환경을 분석하는 대표적인 방법이라 할 수 있다.

이와 같이 FAW를 통해 지원 기업의 거시환경을 분석해보면, 기업의 외부환경을 보다 체계적으로 파악할 수 있다. 다른 취업준비생들과 차별화된 프로페셔널한 인상을 줄 수 있는 것은 물론이다.

[기업사례 3-3] R여행사 FAW 분석

요소	분석 항목	분석 내용
정부 정책	소비자보호	• 여행상품 계약 내용 공지 강화
	대체휴일제	• 대체휴일제로 공휴일 증가(67일)
경제	금리	• 저금리, 저성장이 장기화됨에 따라 소비 성향 하락
	소비	• 2,30대 여성의 경제활동 비율이 높아짐에 따라 미혼 직장인 여성의 소비 증가
	환율	• 원화 강세로 해외여행 비용 감소
사회 문화	소비자 트렌드	• 정적인 관람 중심 여행에서 동적인 문화 체험 중심 여행으로 변화
	고령화	• 노년층 인구 증가
	인구·가족구조	• 1인 가구 증가(23.9%, 2010년)
국제 관계	비자면제협정	• 미국, 러시아 등 비자면제협정 체결로 60일 또는 90일 내 비자 없이 체류 가능

주요 이슈

• 대체휴일제 시행과 원화 강세로 해외여행자수 증대
• 비자면제협정체결 국가로의 해외여행자수 증대
• 해외여행 수요층 다변화
• 1인 가구 증가로 인한 소비형태 변모

시사점

• 여가와 휴식, 문화체험을 동시에 할 수 있는 여행상품 개발
• 문화협정 및 관광협정을 체결한 국가에 대한 여행상품 개발
• 직장인 미혼여성을 대상으로 한 단기(7일) 연휴 여행상품 개발
• 다변화하는 해외여행 수요층을 만족시킬 수 있는 맞춤형 여행상품 개발

[실습템플릿 3-2] 지원 기업 FAW 분석표

FAW로 입사를 희망하는 기업의 경영환경을 분석한 후, 주요 이슈와 시사점을 도출해보자.

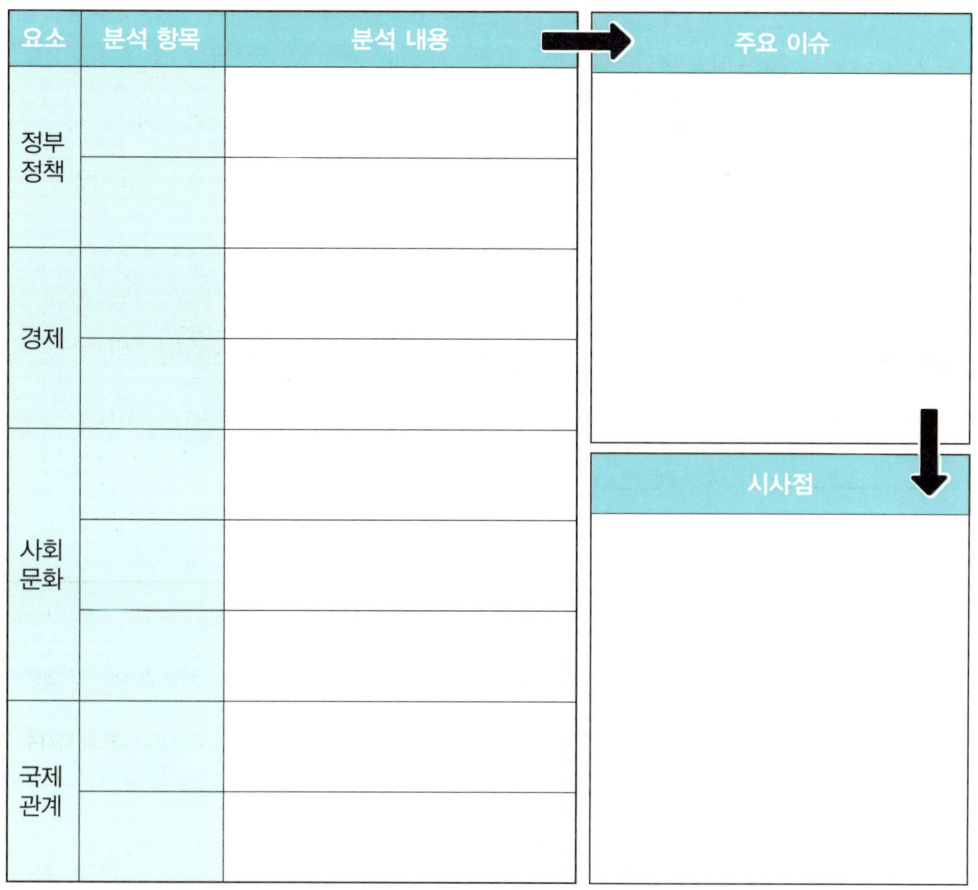

요소	분석 항목	분석 내용	주요 이슈
정부 정책			
경제			
사회 문화			시사점
국제 관계			

② 산업구조 분석

이제 산업구조 분석을 통해 기업의 외부환경을 분석해보자. 산업구조 분석의 대표적인 방법은 '다섯 가지 경쟁요인 모델Five Forces Model'이다. 이 모델은 하버드대학 석좌교수인 마이클 포터Michael E. Porter가 경영전략에 도입한 것으로서, 기업을 둘러싼 다섯 가지 경쟁요인의 위협을 분석하는 것이다. 다섯 가지 경쟁요인 모델은 산업 내 경쟁Rivalry among existing firms, 잠재적 진입자 위협 Threat of potential entrants, 대체재 위협Threat of substitutes, 공급자 교섭력Bargaining power

[그림 3-5] 마이클 포터의 다섯 가지 경쟁요인 모델

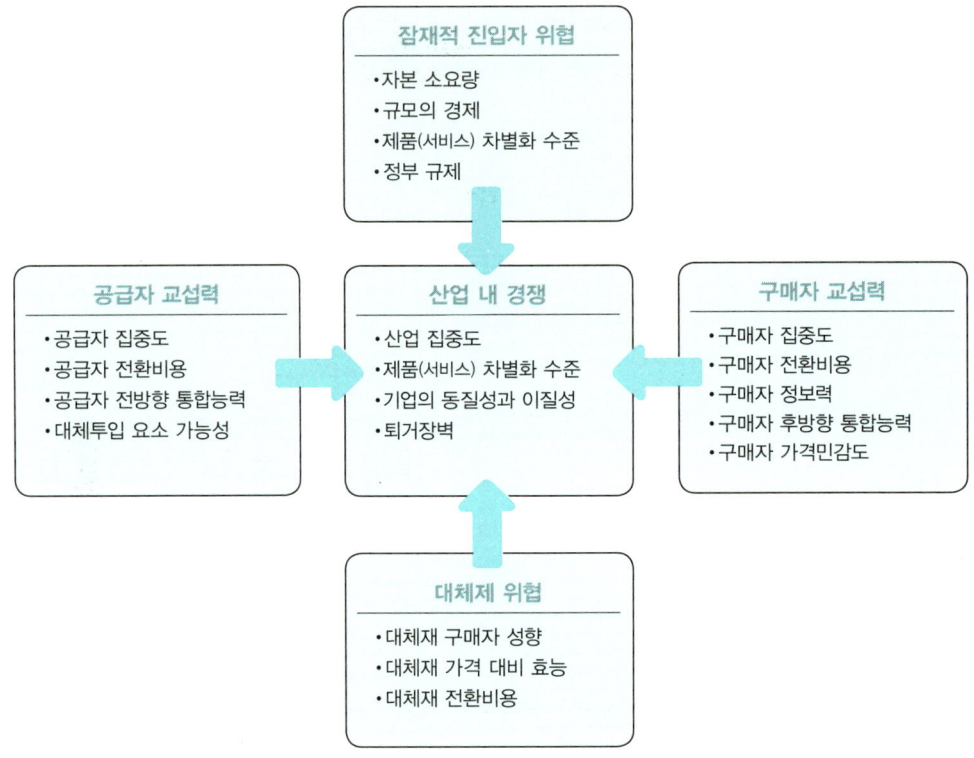

of suppliers, 구매자 교섭력Bargaining power of customers을 말한다.

산업 내 경쟁은 동일 산업에서 경쟁하는 기업들 간의 경쟁 정도를 말한다. 산업 내 경쟁의 경우 동일 산업에 속하는 기업 수와 그 기업들의 규모를 나타내는 산업 집중도, 제품 차별화 수준, 경쟁 기업의 전략적 동질성과 이질성, 해당 산업에서 철수할 경우 지출해야 하는 비용과 포기해야 할 설비시설과 같은 퇴거장벽 등을 분석한다.

잠재적 진입자 위협은 진입장벽이 존재하는 기존 시장으로 새로운 경쟁자들이 진입할 수 있는 정도를 나타낸다. 잠재적 진입자 위협을 분석할 때는 신규 경쟁자들이 기존 시장으로 진입하는 데 자본이 얼마나 필요한지를 나타내는 자본 소요량, 생산량이 많아질수록 단위당 생산원가가 낮아지는 규모의 경

제, 제품의 차별화 수준, 정부 정책 및 규제 등을 분석한다.

대체재 위협은 새로운 제품이나 서비스가 기존 시장의 제품과 서비스를 대체할 수 있는 정도를 말한다. 대체재 위협 분석에는 새로운 제품이나 서비스에 대한 구매자들의 성향, 대체재 가격 대비 효능, 제품이나 서비스를 전환할 때 발생하는 대체재 전환비용 등이 포함된다.

공급자 교섭력은 공급자의 지위와 공급자가 제품이나 서비스를 공급할 수 있는 능력의 정도를 나타낸다. 공급자 교섭력을 분석할 때는 공급자 수와 규모를 나타내는 공급자 집중도, 공급자를 전환할 때 발생하는 전환비용, 공급자가 구매와 판매까지 담당할 수 있는지를 나타내는 공급자 전방향 통합능력, 공급자가 제공하는 제품과 서비스의 대체 가능성 등을 분석한다.

구매자 교섭력은 구매자의 지위와 구매자가 제품이나 서비스를 얼마나 구매할 수 있는지 여부를 나타낸다. 구매자 교섭력 분석에는 구매자 수와 규모를 나타내는 구매자 집중도, 구매자가 기존 제품과 서비스를 변경할 경우 발생하는 전환비용, 구매자의 정보력, 구매자가 직접 공급까지 할 수 있는 후방향 통합능력, 구매자의 가격민감도 등이 포함된다.

이와 같이 다섯 가지 경쟁요인 모델을 통해 지원 기업의 산업구조를 분석해보면, 입사를 희망하는 기업의 외부환경을 체계적으로 분석할 수 있다. 또 외부환경의 기회와 위협 요인도 함께 파악할 수 있다.

[기업사례 3-4] R여행사 다섯 가지 경쟁요인 모델 분석

경쟁 요인	분석 항목	위협 수준	분석 내용	주요 이슈
산업 내 경쟁	산업 집중도	중	상위 30개 여행업체가 해외여행시장의 98%를 점유	• 수많은 여행업체와 낮은 상품차별화, 유사한 손익구조로 인해 경쟁이 매우 치열함 • 해외여행 수요층의 국내여행으로의 전환 위협은 낮음 • 독점적으로 항공권을 보유하고 판매하는 대형 항공사의 협상력이 큼 • 인터넷을 통해 여행객이 직접 여행정보를 입수하고 항공권과 숙박업소를 예약할 수 있어 고객 협상력이 매우 높아짐
	제품(서비스) 차별화 수준	중	여행상품의 모방은 쉬우나, 현지 가이드와 인솔자의 역량에 따라 서비스 차별화가 큼	
	기업의 동질성과 이질성	상	여행업체 간 손익구조 및 전략의 유사성이 높음	
	퇴거장벽	하	타 산업으로 전환 시 철수장벽이 거의 없음	
잠재적 진입자 위협	자본 소요량	상	국외여행업을 하기 위해 투자해야 할 자본이 크지 않기 때문에 진입장벽이 낮음	
	규모의 경제	중	대형 항공사 등이 항공권 예약 및 발급망을 활용하여 여행상품 원가를 낮출 수 있음	
	제품(서비스) 차별화 수준	중	여행상품의 모방은 쉬우나, 현지 가이드와 인솔자의 역량에 따라 서비스 차별화가 큼	
	정부 규제	상	여행사 창업 시 정부규제는 없고(등록제), 창업 절차가 간단함	
대체재 위협	대체재 구매자 성향	하	해외여행을 선호하는 여행객들의 국내여행 성향은 낮음	
	대체재 가격 대비 효능	중	국내여행이 해외여행보다 가격이 저렴하지만 만족도(효능)가 높지 않음	시사점
	대체재 전환비용	상	여행객들이 해외여행에서 국내여행으로 전환하는 데 소요되는 비용 없음	• 현지 가이드와 인솔자 전문화로 브랜드 충성도 강화 • 저가 항공사 및 외국 항공사와 네트워크 구축 • 여행객이 여행상품을 사전에 가상 체험할 수 있는 웹기반 서비스 제공 • 특화된 여행컨설팅을 통해 개인별 맞춤형 여행가이드북 제공
공급자 교섭력	공급자 집중도	중	항공사 수는 적으나, 현지 가이드 업무를 담당할 현지 여행사 수는 많음	
	공급자 전환비용	상	현지 가이드 자질이 고객들의 여행만족도(품질) 및 기업 수익과 직결됨	
	공급자 전방향 통합능력	상	항공사나 현지 여행사가 직접 해외여행객을 유인하여 상품을 판매할 수 있음	
	대체투입 요소 가능성	중	항공권은 대체투입 요소가 적으나, 현지 가이드는 대체투입 요소가 많음	
구매자 교섭력	구매자 집중도	하	여행객 수는 많고, 특정 여행객이 동시에 여러 여행상품을 구매하는 비율은 작음	
	구매자 전환비용	상	여행객들은 여행할 때마다 여행사를 바꾸더라도 전환비용이 발생하지 않음	
	구매자 정보력	상	인터넷을 통한 해외여행 정보원이 풍부하기 때문에 구매자의 정보력이 높음	
	구매자 후방향 통합능력	상	여행객이 직접 여행일정을 계획하고 항공권과 숙박 등을 예약할 수 있음	
	구매자 가격민감도	상	여행객들은 여행상품 가격에 민감함	

[실습템플릿 3-3] 지원 기업 다섯 가지 경쟁요인 모델 분석표

다섯 가지 경쟁요인 모델로 입사를 희망하는 기업의 경영환경을 분석한 후, 주요 이슈와 시사점을 도출해보자.

경쟁 요인	분석 항목	위협 수준	분석 내용	주요 이슈
산업 내 경쟁	산업 집중도			
	제품(서비스) 차별화 수준			
	기업의 동질성과 이질성			
	퇴거장벽			
잠재적 진입자 위협	자본 소요량			
	규모의 경제			
	제품(서비스) 차별화 수준			
	정부 규제			
대체재 위협	대체재 구매자 성향			**시사점**
	대체재 가격 대비 효능			
	대체재 전환비용			
공급자 교섭력	공급자 집중도			
	공급자 전환비용			
	공급자 전방향 통합능력			
	대체투입 요소 가능성			
구매자 교섭력	구매자 집중도			
	구매자 전환비용			
	구매자 정보력			
	구매자 후방향 통합능력			
	구매자 가격민감도			

+ 기업 내부역량을 분석하자

기업의 외부환경을 분석했다면 이제 사업구조 분석과 경영자원 분석을 통해 기업의 내부역량을 분석해보자.

① 사업구조 분석

사업구조를 분석하는 대표적인 방법은 BCG 매트릭스Matrix다. BCG 매트릭스는 미국의 보스턴 컨설팅 그룹Boston Consulting Group이 1970년대 개발한 모형으로서 사업 포트폴리오Portfolio를 분석하는 방법이다. BCG 매트릭스는 'Y'축을 시장성장률market growth, 'X'축을 상대적 시장점유율relative market share로 구분해 사업을 네 가지로 분류한다.

현재 시장성장률은 높지만 시장점유율이 낮아 미래가 불투명한 사업은 '물음표Question mark', 시장성장률과 시장점유율이 모두 높은 사업은 '스타Star', 시장성장률은 낮지만 시장점유율이 높은 사업은 '캐시카우Cash cow', 시장성장률과 시장점유율이 모두 낮은 사업은 '도그Dog'로 분류한다.

'물음표' 사업은 기업의 투자와 경영 상황에 따라 차후 '스타' 사업이 될 수도 있고 '도그' 사업으로 전락할 수도 있는 신규사업을 말한다. '스타' 사업은 수익성과 성장성이 기대되므로 지속적인 투자가 요구되는 성공사업이다. '캐시

[그림 3-6] BCG 매트릭스

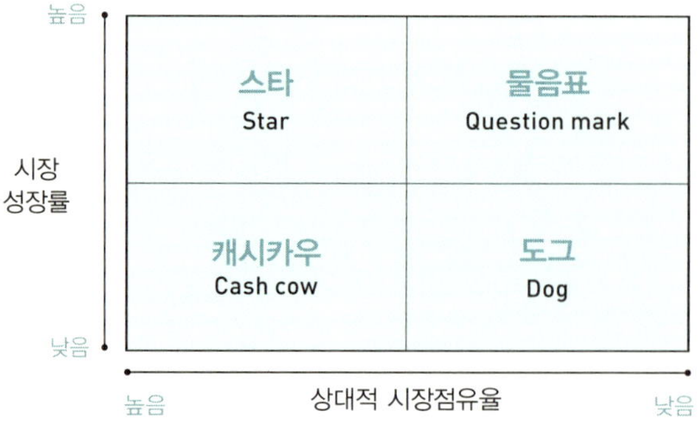

[기업사례 3-5] R여행사 BCG 매트릭스 분석

사업	분석 내용	주요 이슈
물음표	• 1:1 맞춤형 여행컨설팅 상품	• 항공권 판매수수료가 5% 내외로, 수수료 수익보다 관리비용이 더 큼 • 문화기행 패키지 상품은 현재 시장점유율과 성장성이 증가세임 • 맞춤형 여행컨설팅 상품은 시장규모가 아직 불투명함 • 서유럽 허니문 패키지 상품은 수익이 지속적으로 발생하나, 성장세가 정체된 상황임
스타	• 문화기행 패키지(그리스/터키 문화유산, 동유럽 박물관기행, 중국역사탐방) 상품	
캐시카우	• 서유럽 허니문 패키지 상품	**시사점** • 성장성과 수익성이 저조한 항공권 판매 사업 철회 • 문화기행 패키지 상품은 성장성이 크므로 지속적인 상품기획과 개발이 필요함 • 맞춤형 여행컨설팅 상품은 여행자행동 분석 후 추가 기획 및 개발 여부 결정 • 여행상품 포트폴리오에서 서유럽 허니문 패키지 상품개발 비중의 감축이 필요함
도그	• 항공권 판매 수수료	

[실습템플릿 3-4] 지원 기업 BCG 매트릭스 분석표

BCG 매트릭스로 입사를 희망하는 기업의 경영환경을 분석한 후, 주요 이슈와 시사점을 도출해보자.

사업	분석 내용	주요 이슈
물음표		
스타		
캐시카우		**시사점**
도그		

카우' 사업은 현재 기업의 수익 창출원이지만 향후 성장률을 기대하기 어려운 사업을 말한다. '도그' 사업은 시장성장률과 시장점유율이 모두 낮기 때문에 계속 투자하기보다 철수를 고려해야 하는 사양사업이다.

이와 같이 BCG 매트릭스를 통해 입사하려는 기업의 사업구조를 단순화해 보면, 지원 기업의 전반적인 사업 현황을 파악할 수 있다.

② 경영자원 분석

사업구조 분석을 마쳤다면 그 다음으로 경영자원을 분석해보자. 경영자원을 분석하는 대표적인 방법으로는 가치사슬value chain 분석이 있다. 가치사슬 분석은 기업 활동에서 부가가치가 창출되는 각각의 활동과 과정을 분석하는 것으로, 기업의 활동을 본원적 활동primary activities과 지원적 활동support activities으로 나누어 분석한다.

본원적 활동은 부가가치를 직접 생성하는 활동으로 원재료 구입, 보관과 같은 구매물류Inbound Logistics, 제조/생산Operations, 출하물류Outbound Logistics, 마케팅 및 판매Marketing & Sales, 서비스Service 등 주활동을 의미한다. 지원적 활동은 부가가치가 생성되도록 지원하는 활동으로서 경영기획, 회계와 같은 기업하부구조Infrastructure, 채용, 교육훈련과 같은 인적 자원 관리HRM, 기초연구, 제품설계와 같은 기술개발Technology Development, 조달Procurement의 보조 활동을 의미한다. 이러한 가치사슬 분석을 통해 기업의 어떤 활동이 다른 기업들보다 큰 가치를 창출하는지 파악할 수 있다.

[기업사례 3-6]의 경우 R여행사의 본원적 활동 가운데 제조/생산 활동에 해당하는 패키지상품 기획 및 개발 활동이 타사보다 큰 강점이 있다고 분석되었다.

[그림 3-7] 가치사슬 분석

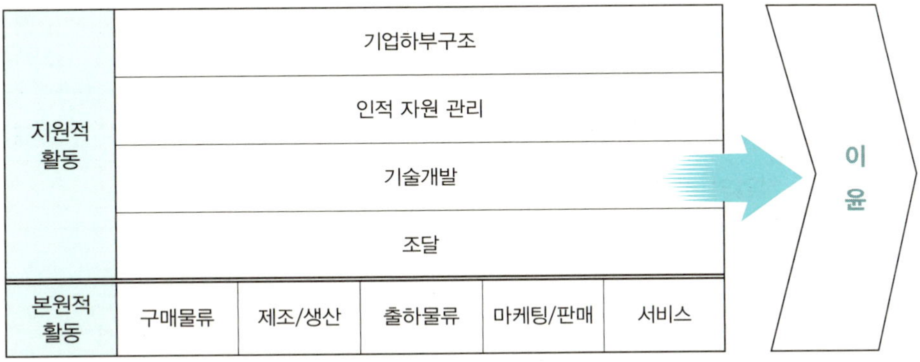

지원적 활동	기업하부구조				
	인적 자원 관리				
	기술개발				
	조달				
본원적 활동	구매물류	제조/생산	출하물류	마케팅/판매	서비스

이윤

[기업사례 3-6] R여행사 가치사슬 분석

가치사슬	분석 항목	분석 내용
지원적 활동	기업하부구조	재무/회계 시스템
	인적 자원 관리	인사관리 시스템
	기술개발	항공권 예약 시스템
	조달	여행스케줄링 시스템
본원적 활동	구매물류	항공권 예약, 현지여행사 수배
	제조/생산	패키지상품 기획, 개발, 항공권 판매
	출하물류	여행일정표 처리, 현지가이드 일정 통보
	마케팅/판매	해외여행 시장조사, 광고홍보, 모객 활동
	서비스	인솔자 및 현지가이드 교육

[실습템플릿 3-5] 지원 기업 가치사슬 분석표

가치사슬 분석을 통해 입사를 희망하는 기업의 부가가치가 창출되는 과정과 활동들을 파악해보자.

가치사슬	분석 항목	분석 내용
지원적 활동	기업하부구조	
	인적 자원 관리	
	기술개발	
	조달	
본원적 활동	구매물류	
	제조/생산	
	출하물류	
	마케팅/판매	
	서비스	

4 기업분석의 화룡점정, 전략 수립

기업의 경영환경을 분석했다면 이제는 기업전략을 수립해보자. 취업준비 단계에서는 기업과 기업이 처한 경영환경에 대한 이해만으로도 준비된 지원자라는 인상을 줄 수 있지만, 한걸음 더 나아가 기업의 전략까지 고민했음을 보여준다면 누구보다 눈에 띌 것이다.

경영환경 분석 내용과 주요 이슈, 시사점을 토대로 스왓 분석과 기업전략삼각형, 전략다이아몬드 프레임워크를 통해 입사 희망 기업의 전략을 수립할 수 있다.

+ 스왓 분석

스왓 분석은 미국의 경영컨설턴트인 알버트 험프리Albert Humphrey가 고안한 방법으로, 기업의 경영환경 분석을 통해 기업 내부의 강점Strength과 약점Weakness, 기업 외부의 기회Opportunity와 위협Threat 요인을 규명하고, 이를 바탕으로 기업의 전략방향을 수립하는 기법이다. 즉 내부 강점과 외부 기회를 활용한

[기업사례 3-7] R여행사 스왓 분석

내부역량 외부환경		강 점(S) • 여행상품 기획력 • 인솔자의 탐방 전문성 • 웹 개발력 및 디자인 능력	약 점(W) • 취약한 재무구조 • 성과보상시스템 미비
기 회 (O)	• 대체휴일제 시행으로 인한 해외여행자 수 증가 • 해외여행 수요층의 다변화 • 비자면제협정 체결 국가 증가	**SO 전략** • 1:1 맞춤형 여행상품 강화 • 브랜드 충성도 강화 • 비자면제협정국 여행상품 개발	**WO 전략** • 여행상품 직접 판매 강화 • 성과관리체계 고도화
위 협 (T)	• 낮은 상품차별화로 인한 가격출혈 경쟁 • 대형 항공사의 높은 항공권 협상력 • 인터넷 여행정보 입수에 따른 여행객의 높은 협상력	**ST 전략** • 외국계 항공사와 네트워크 구축 • 여행 가상체험 프로그램 구축	**WT 전략** • 입소문 마케팅 강화 • 항공권 판매 사업 철회

SO(강점-기회) 전략, 내부 강점은 활용하고 외부 위협은 억제하는 ST(강점-위협) 전략, 내부 약점은 보완하고 외부 기회는 활용하는 WO(약점-기회) 전략, 내부 약점은 보완하고 외부 위협을 억제하는 WT(약점-위협) 전략으로 나눌 수 있다.

스왓 분석을 할 때는 무엇보다 자신의 관점을 논리적으로 피력하는 것이 중요하다. 여러 개의 전략 과제를 단순히 나열하는 것은 전략 수립에 도움이 되지 않는다. 이미 기업에서 검토하고 폐기한 전략일지라도 스왓 분석을 통해 논리적으로 재도출한다면 역량이 뛰어난 지원자로 강한 인상을 남길 수 있다.

• 스왓 분석의 프레젠테이션 면접 적용 예

R여행사 프레젠테이션 면접 시 "R여행사의 전략방향을 수립하라"는 과제가 주어졌다. 당신은 취업을 준비하면서 이미 R여행사의 경영환경을 철저히 분석했다. 이제 분석한 내용을 토대로 스왓 분석을 활용하여 다음과 같이 발표한다.

R여행사의 내부역량과 외부환경 분석을 토대로 전략방향을 수립하도록 하겠습니다. 우선 R여행사의 내부역량을 분석한 결과, 여행상품 기획력과 인솔자의 탐방 전문성이 경쟁 여행업체들에 비해 뛰어납니다. 또한 자체 웹 개발력과 디자인 능력이 R여행사의 강점입니다. 하지만 재무구조가 취약하고 성과에 대한 보상시스템이 제대로 갖춰져 있지 않은 것이 R여행사의 약점으로 작용하고 있습니다.

다음으로 R여행사의 외부환경을 분석한 결과를 말씀드리겠습니다. 현재 정부의 대체휴일제 시행으로 해외여행자 수가 증가하고 있으며 해외여행 수요층도 다변화하고 있습니다. 또한 비자면제협정 체결 국가가 증가하는 것이 R여행사의 기회 요인입니다. 반면 낮은 상품 차별화로 여행사들 간 가격출혈 경쟁이 심화되고 있으며, 대형 항공사의 항공권 보유 관련 높은 협상력과 인터넷 여행정보 입수로 인한 여행객들의 협상력이 R여행사의 위협 요인으로 작용하고 있습니다. 이러한 내부역량과 외부환경 분석을 토대로 네 가지 전략방향을 수립해보았습니다.

첫 번째 전략방향은 내부의 강점과 외부의 기회를 활용한 SO 전략으로서, 일대일 맞춤형 여행상품과 브랜드 충성도를 강화하고 비자면제협정국 여행상품을 개발하는 것입니다.

두 번째 전략방향은 내부의 강점은 활용하고 외부의 위협은 억제하는 ST 전략으로서, 외국계 항공사와의 네트워크와 여행 가상체험 프로그램을 구축하는 것입니다.

세 번째 전략방향은 내부의 약점은 보완하고 외부의 기회는 활용하는 WO 전략으로서, 여행상품의 직접 판매를 강화하고 성과관리체계를 고도화하는 것입니다.

마지막 네 번째 전략방향은 내부의 약점은 보완하고 외부의 위협은 억제하는 WT 전략으로서, 입소문 마케팅을 강화하고 항공권 판매 사업을 철회하는 것입니다.

이상으로 R여행사의 전략방향에 대한 발표를 마치도록 하겠습니다. 감사합니다.

프레젠테이션 면접에서는 기업분석 능력과 전략적 사고 역량이 있음을 증명하는 것이 중요하다. 면접관 앞에서 발표한 전략이 실제 기업 현장에서 적용될 수 있느냐 여부는 평가에 큰 영향을 미치지 않는다.

[실습템플릿 3-6] 지원 기업 스왓 분석표
스왓 분석방법으로 입사를 희망하는 기업의 전략방향을 수립해보자.

내부역량 / 외부환경	강 점(S)	약 점(W)
기 회 (O)		
위 협 (T)		

+ 기업전략삼각형

기업전략삼각형은 하버드대 교수인 데이비드 콜리스David J. Collis와 신시아 몽고메리Cynthia A. Montgomery가 제시한 프레임워크로 기업전략을 새로 수립하거나 기존 전략을 평가하는 데 유용하다. 일반적으로 기업의 경영전략은 기업전략Corporate Strategy과 사업전략Business Strategy으로 구분할 수 있다.

기업전략은 "우리 기업이 어떤 사업을 해야 할 것인가?"에 대한 답이 주요 내용인 반면, 사업전략은 기업전략보다 한 단계 하위전략으로서 "우리 기업이 어떻게 사업을 성공적으로 수행할 것인가?"에 대한 답이 주요 내용이다.

기업전략삼각형은 기업전략에 가까운 프레임워크로 자원Resources, 사업Business, 조직Organization을 주요 구성요소로 한다.

우선 기업의 전략을 새로 수립하거나 기존 전략을 평가할 때 가장 먼저 고려해야 하는 구성요소는 기업이 보유한 자원이다. 자원을 평가하는 대표적인 모델로는 오하이오주립대 교수인 제이 바니Jay Barney가 고안한 'VRIN' 모델을 꼽을 수 있다.

'VRIN' 모델은 기업이 보유한 자원이 "경쟁 기업보다 비용과 효용 측면에서 더 나은 가치를 창출할 수 있는가?Valuable", "희소성이 있는가?Rare", "다

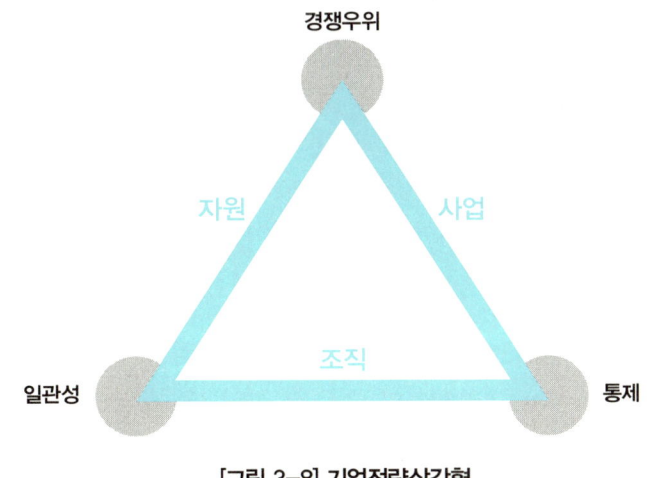

[그림 3-8] 기업전략삼각형

른 기업이 모방하기 어려운가?Inimitable", "다른 것으로 대체하기 어려운가?Non-substitutable"를 고려하는 것이다.

두 번째 구성요소는 사업이다. 기업의 자원 분석을 바탕으로 기업이 어떤 사업을 할 것인지를 결정하는 것이다. 예컨대 "한 가지 사업에 집중하는 것이 좋을까?" 아니면 "다양한 사업에 진출하는 것이 좋을까?" 등을 결정하는 것이다. 사업을 결정할 때는 앞서 분석한 자원을 고려해 기업이 경쟁우위를 창출할 수 있는 사업을 선택해야 한다.

세 번째 구성요소는 조직이다. 사업을 결정한 후에는 성공적으로 수행할 수 있는 조직을 구성해야 한다. 즉 조직체계를 어떻게 만들 것인지, 주어진 목표를 어떻게 달성하도록 할 것인지, 어떤 조직문화를 구축할 것인지를 결정하는 것이다. 조직을 구성할 때는 기업이 보유한 자원으로 시너지 효과를 낼 수 있는 조직체계와 더불어 사업을 효과적으로 조정하고 통제할 수 있는 성과관리체계를 만드는 것이 중요하다.

기업전략삼각형 프레임워크를 사용해 기업전략을 세우면, 어느 한 부분에 치우치지 않고 균형 잡힌 관점에서 기업전략을 세울 수 있다.

[기업사례 3-8] R여행사 기업전략삼각형 프레임워크

자원	사업	조직
• 열정과 전문성을 갖춘 가이드 • 유럽 시장 노하우	• 미국 국립공원 투어 상품 개발 • 미국 주니어 레인저 상품 개발	• 사업부 조직체계 구축 • 성과 기반 보상시스템 구축

- 기업전략삼각형 프레임워크의 프레젠테이션 면접 적용 예

R여행사 프레젠테이션 면접 시 "R여행사의 기업전략을 수립하라"는 과제가 주어졌다. 당신은 취업을 준비하면서 이미 R여행사의 경영환경을 철저히 분석했다. 이제 분석한 내용을 토대로 기업전략삼각형 프레임워크를 활용하여 다음과 같이 발표한다.

R여행사의 자원, 사업, 조직 구성요소를 중심으로 기업전략을 수립하도록 하겠습니다. 먼저 R여행사의 자원을 분석하기 위해 VRIN 모델, 즉 자원이 가치가 있는지, 희소성이 있는지, 모방하기가 힘든지, 대체하기가 어려운지 측면에서 살펴보았습니다.

전문성으로 무장한 열정적이고 젊은 가이드들과 유럽 시장에 특화하여 수년 동안 쌓은 노하우가 R여행사의 대표적인 자원입니다. 이러한 자원으로 현재까지 높은 수익성을 내고 있으므로 가치 있는 자원이라고 판단됩니다. 그러나 이러한 자원은 희소성이 크지 않으며, 다른 여행사들이 쉽게 모방할 가능성이 큽니다. 또한 여행 소비자의 취향에 따라 동유럽이나 아시아 등 다른 지역으로 쉽게 대체가 가능하다는 단점이 있습니다. 그러므로 지금까지 R여행사의 성장 기반이었던 유럽 시장의 시장점유율을 높이는 전략보다, 신규 시장에 진입하여 새로운 여행상품을 출시하는 전략이 필요하다고 판단합니다.

예를 들면 미국 그랜드써클 내에 있는 그랜드 캐년 등 유명한 캐년과 국립공원을 2주 동안 여행하는 여행상품이라든가, 미국에서 자녀들에게 체험 학습을 시키고 싶어 하는 부모님과 학생들을 위한 주니어 레인저 상품을 개발하는 것입니다. R여행사는 유럽 시장 배낭여행 노하우가 풍

부하기 때문에 타 여행사보다 경쟁우위의 상품을 출시할 수 있다고 판단합니다.

또한 이러한 사업을 성공적으로 수행하기 위해서는 재무팀, 마케팅팀, 영업팀, 상품개발팀 등으로 구성된 전통적인 기능 조직보다 유럽 시장, 아시아 시장, 미국 시장 등 지역별로 사업부 조직을 갖추고 사업부 내에서는 상품별로 책임자에게 권한이 대폭 이양된 조직이 어울린다고 판단합니다. 이러한 사업부 조직은 급변하는 시장 변화에 빠르게 대응할 수 있으며 직원들의 책임감과 사기도 끌어올릴 수 있습니다.

또한 직원들의 기본급을 낮추는 대신 성과급의 비율을 높여 성과가 보상으로 연결되는 성과 기반 보상시스템을 구축하는 것이 필요하다고 판단합니다.

이상으로 R여행사의 기업전략에 대한 발표를 마치도록 하겠습니다. 감사합니다.

[실습템플릿 3-7] 지원 기업 기업전략삼각형 프레임워크
기업전략삼각형 프레임워크로 입사를 희망하는 기업의 전략을 수립해보자.

자원	사업	조직

+ 전략다이아몬드

전략다이아몬드는 컬럼비아대학교 교수인 도날드 햄브릭Donald C. Hambrick과 텍사스오스틴대학교 교수인 제임스 프레드릭슨James W. Fredrickson이 공동으로 개발한 프레임워크로, 기업전략뿐 아니라 사업전략도 일관성 있게 분석할 수 있는 유용한 도구다. 전략다이아몬드 프레임워크는 전략 수립에 필요한 다섯 가지 요소로 구성되어 있다.

첫째, 경쟁장Arenas이다. 경쟁장이란 "어디에서 싸울 것인가?"라는 질문에 대한 답변과 연결된다. 즉, 어떤 시장·지역에 진출할 것인지, 어떤 상품 카테고리를 가질 것인지, 어떤 핵심기술이 필요한 곳인지에 대한 구체적인 답을 찾는 것이다.

둘째, 수단Vehicles이다. 어떤 경쟁장에 진출할지를 결정한 후에는 "어떤 수단으로 해당 경쟁장에 진출할 것인가?"를 정해야 한다. 해당 경쟁장에 진출하는 수단으로는 내부 개발 방법이나 합작투자, 라이센싱, 프렌차이즈, 인수합병 등의 방법이 있다.

셋째, 차별화Differentiators다. 어떤 경쟁장에 어떤 수단으로 진출할지를 결정했다면, 다음은 "어떻게 그 경쟁장에서 이길 것인가?"라는 차별화 방안을 정

[그림 3-9] 전략다이아몬드

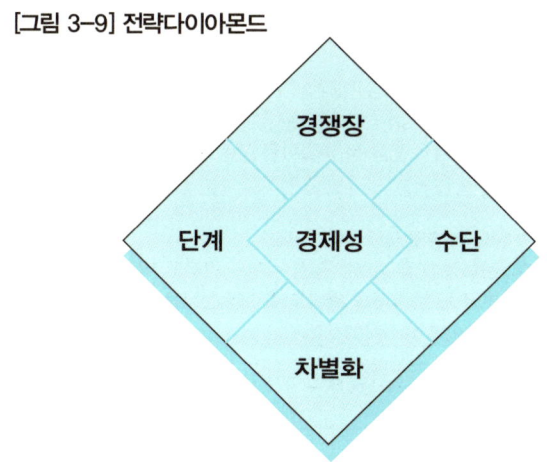

할 차례다. 즉 이미지로 승부할지, 고객 차별화로 승부할지, 아니면 제품 신뢰도로 차별화할지 등을 결정하는 것이다.

넷째, 단계Staging다. 차별화 방안을 결정한 뒤에는 "어떤 속도, 어떤 순서로 실행에 옮길 것인가?" 하는 우선순위를 정해야 한다. 모든 전략이 동시에 실행되기는 현실적으로 어렵다. 어떤 단계를 밟아 최종 목표를 달성할 것인지를 선택해야 전략의 실행가능성을 높일 수 있다.

다섯째, 경제성Economic Logic이다. 사업을 하는 주된 이유는 수익 창출에 있다. 지금까지 수립한 전략으로 "어떻게 수익을 창출할 수 있는가?"에 대한 논리가 명확해야 한다. 규모의 경제 또는 범위의 경제를 통한 저비용 구조로 승부할지, 다른 회사가 모방할 수 없는 독특한 서비스에 대해 프리미엄 가격을 책정할지 등을 결정해야 한다. 마지막 단계에서는 무엇이 기업의 이윤을 창출하고, 무엇이 기업의 핵심능력인지를 명확히 답할 수 있어야 한다.

R여행사 사례를 전략다이아몬드 프레임워크로 분석해보면 다음과 같다.

[기업사례 3-9] R여행사 전략다이아몬드 프레임워크

구성요소	분석 내용
경쟁장	북미 지역 가족여행 상품
수단	미국 W여행사와 전략적 제휴
차별화	체험 학습을 중요시하는 고객을 대상으로 한 미국 국립공원 투어 상품, 미국 주니어 레인저 상품 등 차별화된 상품 출시
단계	•1단계 : 미국 W여행사와 전략적 제휴 •2단계 : 전략적 제휴 홍보를 통한 브랜드 인지도 제고 •3단계 : 미국 체험 학습을 위한 가족여행 신상품 출시
경제성	범위의 경제를 통한 저비용 추구

● 전략다이아몬드 프레임워크의 프레젠테이션 면접 적용 예

R여행사 프레젠테이션 면접 시, "R여행사의 사업전략을 수립하라"는 과제가 주어졌다. 당신은 취업을 준비하면서 이미 R여행사의 경영환경을 철저히 분석했다. 이제 분석한 내용을 토대로 전략다이아몬드 프레임워크를 활용하여 다음과 같이 발표한다.

R여행사의 사업전략을 경쟁장, 수단, 차별화, 단계, 경제성의 다섯 가지 전략 요소를 중심으로 수립해보겠습니다.

첫 번째는 경쟁장입니다. R여행사는 그동안 유럽 시장에 집중해왔습니다. 그러나 최근 체험 학습 붐이 일면서 북미 지역으로 체험 학습을 원하는 수요가 급증하고 있습니다. 따라서 북미 지역으로의 가족여행 상품 출시 전략이 필요합니다.

두 번째는 수단입니다. 북미 시장에 성공적으로 진입하기 위해서는 국내 여행객들에게 인지도가 높은 미국 W여행사와 전략적 제휴를 맺는 것이 필요합니다. 현재 미국 W여행사는 미국 국립공원 서비스국과 긴밀한 네트워크를 형성하고 있습니다. 따라서 W여행사와 전략적 제휴를 맺을 경우 R여행사가 북미 시장에 진출하는 데 매우 유리한 고지를 점할 수 있습니다.

세 번째는 차별화입니다. R여행사는 그동안 유럽 배낭여행 상품을 통해 체험 학습과 관련한 상품기획의 전문성을 축적해왔습니다. 이제 고객세분화 전략으로 가족과 함께 북미 지역에서 체험 학습을 원하는 고객을 위한 차별화된 상품을 출시할 필요가 있습니다. 예를 들면 미국 국립공원 투어 상품, 주니어 레인저 상품 등을 출시한다면 고객들의 구매

욕구를 강하게 불러 일으킬 수 있다고 판단됩니다.

네 번째는 차별화 전략을 실행하기 위한 단계입니다. 앞서 언급했듯이 1단계는 미국 W여행사와 전략적 제휴를 맺는 것입니다. 2단계는 전략적 제휴를 고객들에게 적극 홍보함으로써 북미 시장에서 R여행사의 브랜드 인지도를 높이는 것입니다. 3단계는 신상품을 출시해 초등학생 자녀를 둔 가정을 타깃으로 상품을 홍보하는 것입니다.

마지막 다섯 번째는 경제성입니다. R여행사는 유럽 배낭여행 고객정보를 경쟁업체들보다 많이 보유하고 있습니다. 이러한 정보자원을 보유한 R여행사가 미국 체험 학습 신상품을 출시한다면 홍보마케팅 비용을 크게 줄일 수 있습니다. 즉 고객 세분화된 상품을 출시하면서도 보다 저렴한 가격을 책정할 수 있는 것입니다. 이것이 R여행사가 미국 체험 학습 상품을 출시할 경우 수익을 창출할 수 있다고 판단하는 근거입니다.

이상으로 R여행사의 사업전략에 대한 발표를 마치도록 하겠습니다. 감사합니다.

[실습템플릿 3-8] 지원 기업 전략다이아몬드 프레임워크

전략다이아몬드 프레임워크로 입사를 희망하는 기업의 전략을 수립해보자.

구성요소	분석 내용
경쟁장	
수단	
차별화	
단계	
경제성	

　기업의 경영환경을 분석하고 기업의 전략을 세우는 것은 쉬운 일이 아니다. 이미 직장에서 업무를 하고 있는 사람들도 버거워할 만큼 복잡하고 어려운 일을 굳이 해야 하나 하는 의구심이 들 수도 있다. 하지만 이 같은 일련의 노력들이 취업 성공의 지름길을 제공하는 것은 물론, 향후 성공적인 직장생활의 견인차가 될 수 있다는 것을 명심하자.

기업 입장에서는 아무리 지원자가 조직문화와 코드에 잘 맞는 기업에 대해 많이 알고 있다 하더라도 실제 업무에서 성과를 낼 수 있는 역량 부족해 보인다고 판단되면 채용하지 않는다. 따라서 자신이 기업이 원하는 특정한 사람이 어디에 쓰임새를 낼 수 있는지를 보다 적극적으로 어필하기 위해서는 자신이 기업의 요구역량을 갖추고 있다는 것을 이력서와 자기소개서, 면접을 통해 반복해서 강조해야 한다.

Chapter

4

기업분석 전략 셋,
요구역량

1 '스펙'이 아닌 '역량'으로 승부하라

기업은 역량 있는 직원을 채용하기 위해 역량진단도구를 만들고 직원들이 역량을 발휘할 수 있도록 다양한 교육훈련을 시키며, 역량을 얼마나 잘 계발하고 발휘했는지 평가하고 보상한다. 마이크로소프트사 설립자인 빌 게이츠Bill Gates는 "최고의 직원 스무 명이 빠져 나간다면, 우리 회사는 하루아침에 그저 평범한 회사로 전락하고 말 것이다"라고 말한 바 있다.

빌 게이츠뿐만 아니라 대부분 기업 경영자들의 가장 큰 고민거리가 바로 인적 자원의 역량이다. 실제로 선진 기업들은 역량 모델링을 통해 역량을 인사 관리의 모든 영역과 연계시키고 있다. 특히 직원들의 성과를 평가할 때 업적뿐 아니라 역량도 함께 평가함으로써 직원들에게 역량의 중요성을 지속적으로 주지시키고 있다.

신입사원을 채용할 때도 마찬가지다. "저 사람이 우리 기업과 코드가 맞는가?"를 검증하는 것 못지않게 지원자가 우리 기업이 원하는 역량을 어느 정도 갖추고 있는지 예측하고 판단하는 것을 중요시한다.

기업 입장에서는 아무리 지원자가 조직문화와 코드에 잘 맞고 기업에 대해

[표 4-1] 신입사원 역량 면접 점수표 예

• 면접일자 : 2014년 O월 O일   • 면접자 : OOO   • 수험자 : OOO   • 지원 분야 : 인재개발

역량그룹	그룹별 가중치	역량명	요소별 가중치	평가등급				
				S(10)	A(8)	B(6)	C(4)	D(2)
공통 역량	40%	커뮤니케이션	20%		✓			
		팀워크	15%			✓		
		고객지향	15%		✓			
		혁신지향	30%		✓			
		열정	20%			✓		
직무 역량	40%	교육프로그램 기획	50%		✓			
		인재육성 지식	25%		✓			
		정보수집 및 분석	25%		✓			
리더십 역량	20%	비전공유	50%			✓		
		동기부여	30%				✓	
		코칭	20%			✓		
총점				72.0				

많이 알고 있다 하더라도, 실제 업무에서 성과를 낼 수 있는 직무수행 능력이 부족하다고 판단하면 채용하지 않는다. 다시 한 번 명심하자. 기업은 똑똑한 사람이 아니라 성과를 낼 수 있는 사람을 원한다. 때문에 취업에 성공하기 위해서는 자신이 기업의 요구역량을 갖추고 있다는 것을 이력서와 자기소개서, 면접을 통해 반복해서 강조해야 한다.

기업이 원하는 역량을 개발하기 위해 지금까지 어떤 노력을 기울여왔는지를 구체적으로 드러낸다면 기업이 원하는 '성실성'과 '끈기'를 갖춘 지원자로 평가받을 수 있을 것이다.

기업이 요구하는 역량은 크게 공통 역량, 직무 역량, 리더십 역량으로 분류할 수 있다. 이러한 역량 분류 기준은 수학공식처럼 정해진 것이 아니라 조직문화와 경영환경, 인적자원관리 방향 등에 따라 기업마다 조금씩 차이가 있다.

예컨대 '커뮤니케이션' 역량에 대해 A기업은 이를 중간관리자급 이상 리더들이 갖추어야 할 리더십 역량으로 분류할 수 있고, B기업은 이를 조직의 모든 구성원들이 갖춰야 할 공통 역량으로 분류할 수 있다.

취업준비생이 한 기업에 입사지원서를 내기로 마음을 먹었다면, 그 순간부터 면접이 끝날 때까지 해당 기업이 원하는 공통 역량, 직무 역량, 리더십 역량을 항상 염두에 두어야 한다.

자기소개서를 작성할 때는 기업코드뿐만 아니라 기업의 요구역량과 연계해 지원 동기와 입사 후 포부, 성장과정, 장점과 단점, 과외활동, 성취와 실패, 생활신조를 써야 한다. 면접 때는 질의응답과 집단 토론, 프레젠테이션 등을 통해 자신이 기업의 요구역량을 갖추고 있다는 것을 지속적으로 보여줘야 한다.

[표 4-2] 기업 요구역량과 평가요소 간 연관성

평가요소	기업 요구역량	공통 역량	직무 역량	리더십 역량
이력서	개인정보	매우 낮음	매우 낮음	매우 낮음
	학력	보통	관련전공 限 높음	낮음
	경력	보통	매우 높음	보통
	자격면허증	보통	매우 높음	낮음
	수상경력	높음	높음	보통
	외국어	높음	높음	낮음
	특기사항	높음	높음	보통
	병역	낮음	낮음	장교복무자 限 높음
	과외활동	높음	매우 높음	높음
자기소개서	지원동기	높음	매우 높음	높음
	입사 후 포부	높음	매우 높음	높음
	성장과정	매우 높음	높음	높음
	장점과 단점	매우 높음	매우 높음	매우 높음
	과외활동	매우 높음	매우 높음	매우 높음
	성취와 실패	매우 높음	매우 높음	매우 높음
	생활신조	높음	보통	보통
면접	인성	높음	보통	높음
	비전	높음	높음	보통
	가치관	높음	보통	높음
	공통 역량	매우 높음	보통	보통
	직무 역량	보통	매우 높음	보통
	리더십 역량	보통	보통	매우 높음

그렇다면 입사하려는 기업이 지원자에게 요구하는 역량은 어떻게 알 수 있을까? 가장 손쉬운 방법은 기업의 채용정보 사이트를 방문해 인재상과 직무 소개 메뉴란을 찾아보는 것이다. 기업의 인재상에는 기업이 요구하는 공통 역량과 리더십 역량이 명시되어 있는 경우가 많다. 온라인으로 입사지원서를 받는 기업들은 대부분 채용정보 사이트에 기업이 요구하는 직무 역량에 대해 자세히 소개하고 있다. 최근에는 대기업을 중심으로 직원들이 직접 취업준비생들을 찾아가 직무에 대해 설명해주는 행사를 마련하는 경우도 늘고 있다.

만약 본인이 입사하고 싶은 기업의 홈페이지에 역량에 관한 정보가 없다면, 기업들이 보편적으로 직원들에게 요구하는 공통 역량, 직무 역량, 리더십 역량을 벤치마킹한 후, 자신의 역량을 맞추면 된다. 자신의 역량을 자기소개서와 면접에 연계할 때 가장 중요한 것은 자신이 기업의 요구역량을 갖추고 있음을 면접관으로 하여금 믿게 만드는 것이다.

예컨대 구체적인 사례와 반복적인 행동 습관을 통해 역량을 드러낼 수 있다. "저는 성실하고 책임감이 강합니다"라고 아무리 말해봐야 인사담당자나 면접관에게 믿음을 줄 수 없다. 대신 "아버지께서 불의의 사고를 당하신 후 직장을 다니실 수 없게 되셔서 지난 5년간 H주유소에서 파트타임 주유원으로 일했습니다. 매일 새벽 6시부터 학교 도서관에서 공부하고 오후 3시부터 밤 9시까지는 주유소에서 일했습니다. 동기들과 여행을 다니고 싶을 때도 많았지만 가장의 마음으로 참고 일과 학업을 병행했습니다. 그 결과 매학기 장학금을 받아 학비와 동생들의 용돈을 해결했습니다"라고 한다면, 성실함과 책임감에 대해서 더 이상 설명할 필요가 없을 것이다.

사례와 습관은 반드시 사실이어야 한다. 면접관은 의심쩍은 부분에 대해 질문을 반복하고, 그 과정에서 지원자의 말이 사실인지 거짓인지를 금방 알아낼 수 있다.

[기업사례 4-1] 풀무원 인재상에 명시된 공통 역량

풀무원 채용정보 사이트의 인재상에는 모든 조직원에게 요구되는 역량인 공통 역량
(정직, 공동체 의식, 프로정신, 열정)이 자세히 소개되어 있다.

풀무원 채용정보 사이트 http://recruit.pulmuone.co.kr

[기업사례 4-2] 이랜드그룹 직무소개란에 명시된 직무 역량

이랜드그룹 채용정보 사이트의 직무소개란에는 각각의 직무를 수행하는 데 필요한
직무 역량이 '필요자격'에 자세히 소개되어 있다.

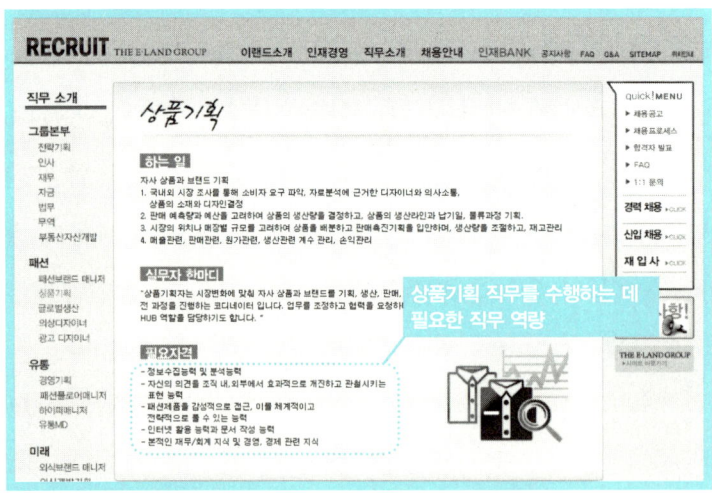

이랜드그룹 채용정보 사이트 http://www.elandscout.com

2 공통 역량에 자신을 맞추라

기업에 따라 기본 역량 또는 핵심 역량이라고도 부르는 공통 역량은 기업의 핵심가치와 인재상 등을 반영한다. 기업에서 요구하는 대표적인 공통 역량은 '커뮤니케이션', '팀워크', '고객지향', '혁신지향', '열정'이다. 여기서는 다섯 가지 공통 역량에 대해 구체적으로 알아보고, 공통 역량을 자기소개서와 면접에 연계하는 포인트를 짚어보도록 하겠다.

+ 공통 역량 하나, 커뮤니케이션

커뮤니케이션이란 말하는 사람이 메시지를 제대로 전달해 그것을 듣는 사람으로 하여금 정확히 이해하도록 하는 과정이다. 메시지 전달 과정에서 적합한 커뮤니케이션 채널channel을 선택하는 것 또한 중요하다. 서로 감정을 나누지 않아도 되는 상황에서는 이메일 같은 매체를 사용해도 되지만, 감정의 교환이 중요한 상황에서는 상대방과 직접 만나 커뮤니케이션하는 것이 좋다.

커뮤니케이션 과정에서는 말하는 사람과 듣는 사람 간의 관계가 중요하다.

실제로 커뮤니케이션 역량이 뛰어난 사람은 대인관계능력도 탁월한 경우가 많다. 때문에 현재 많은 기업들이 직원들의 커뮤니케이션 역량을 높이기 위해 사내 동호회와 같은 비공식적인 만남 등을 활성화시키고 있다.

연계 포인트
1. 메시지의 정확한 전달 / 2. 적합한 커뮤니케이션 채널 / 3. 대인관계 형성과 유지

- 자기소개서
- 자기소개서를 작성할 때 두루뭉술한 형이상학적 서술을 피한다. 실제 경험과 기업에 대한 구체적인 분석 자료를 바탕으로 자신이 전하고자 하는 요점을 정확히 전달한다.
- 불필요한 오해를 낳지 않기 위해 상대방을 직접 만나서 솔직하게 대화한 경험을 자기소개서에 연계한다.
- 인간관계에서 문제가 발생했을 때, 자신의 솔직한 감정을 나누고 신뢰를 형성함으로써 문제를 해결한 경험을 자기소개서에 연계한다. 대인관계 형성과 유지는 커뮤니케이션에서 가장 중요한 요소 가운데 하나다.

- 면접
- 질의응답 시 면접관의 질문에 결론부터 간단명료하게 답변한다. 답변은 장황한데 알맹이가 없다면 오히려 감점 요인이 된다. 구구절절한 설명보다는 결론을 먼저 제시하고 이를 뒷받침하는 분석 자료나 자신의 경험을 간략하게 덧붙이는 것이 바람직하다.
- 토론 면접이나 프레젠테이션 면접 시, 상반된 메시지를 동시에 전달하지 않는다. 즉 앞뒤 말의 논리가 같아야 한다.
- 토론 면접 시, 다른 지원자들의 말을 주의 깊게 경청하는 태도를 보인다. 토론 면접에서는 자신의 논리 전개도 중요하지만, 얼마나 다른 지원자들의

의견을 존중하고 자신의 논리를 펼쳐가는지도 채점의 중요한 요소라는 것을 명심하자.

+ 공통 역량 둘, 팀워크

다양한 사람들이 모여 있는 기업에서 의견 마찰과 미묘한 갈등이 상존하는 것은 어찌 보면 당연한 일이다. 만약 의견 대립을 방치하거나 갈등을 효과적으로 관리하지 못한다면, 팀워크를 해치는 것은 물론 조직의 목표를 달성하는 데 큰 장애가 된다. 공동의 목표를 달성하기 위해서는 구성원들이 지식과 정보를 긴밀하게 공유하고 업무에 적극적으로 협력해야 한다.

일반적으로 팀워크는 구성원 각자가 자신의 역할을 명확히 인식하고 공동 목표를 위해 협력하는 태도를 보일 때 형성된다. 서로간의 의견을 합리적으로 조정하고 긴장과 갈등을 효과적으로 관리할 때 팀워크가 강화되는 것이다. 또 팀워크는 구성원들이 긍정적인 마인드로 조직 분위기를 조성할 때 견고해진다는 것을 명심하고 자기소개서와 면접 연계에 활용하자.

연계 포인트

1. 명확한 역할 인식과 협력적인 태도 / 2. 의견 조정과 갈등 관리 / 3. 긍정적인 마인드

- 자기소개서
- 자신의 역할을 명확히 인식하고 주어진 책임을 다해 공동 목표를 달성한 경험을 연계한다.
- 알고 있는 지식과 정보를 타인과 적극적으로 공유해 공동 목표를 달성한 경험을 담는다.
- 자신의 주장을 고집하기보다 타인을 배려하고 존중해 공동 목표를 달성한 경험을 자기소개서에 연계한다. 특히 상대방이 자신의 역량을 최대한 발휘

할 수 있도록 협력해 더 큰 성과를 이룬 경험이 있다면 기술하도록 한다.

- 갈등이 발생했을 때 갈등의 본질을 신속히 파악하고 갈등을 지혜롭게 조정해 공동 목표를 달성한 경험을 연계한다.

• 면접

- 토론 면접 시 다른 지원자들과 함께 결론을 도출하기 위해 협력하는 모습을 보인다. 토론 시 자신의 의견을 일방적으로 주장하기보다 다른 지원자들의 의견을 적극적으로 수렴하면서 더 나은 방향을 제시하는 것이 바람직하다.

- 토론 면접 시 지원자들의 의견 대립을 합리적으로 조정하는 모습을 보인다.

- 합숙 면접 시 과제를 수행하는 과정에서 지원자들 사이에 갈등이 발생했을 때 갈등의 원인을 정확히 파악하고 효과적으로 조정하는 모습을 보인다.

+ 공통 역량 셋, 고객지향 사고

고객지향이란 고객의 욕구를 정확히 파악해 고객이 원하는 가치를 제공함으로써 고객을 만족시키고, 이를 통해 조직의 비전과 전략, 목표를 달성하는 것을 말한다. 기업에서 고객지향 역량을 강조하는 이유는 고객 만족도가 높을수록 고객의 재방문율과 재구매율이 높아져 기업의 수익과 이익이 증대하기 때문이다. 물론 업무에 따라 고객을 응대하는 정도의 차이는 있겠지만, 신입사원을 선발할 때 대응하기 곤란한 상황을 의도적으로 연출함으로써 고객지향 사고와 감정조절능력 등을 관찰하고 평가하는 경우가 늘고 있다.

고객지향 역량이 뛰어난 사람은 다음과 같은 특성을 지닌다.

첫째, 고객을 대할 때 진정성을 갖고 행동한다. 고객에게 제품이나 서비스를 무조건 칭찬하거나 권하기보다 고객의 필요사항을 정확히 파악한 후 그에 적합한 제품과 서비스를 추천한다.

둘째, 고객과 친밀한 유대관계를 형성하고 유지하기 위해 노력한다. 고객은 제품이나 서비스를 판매하는 직원과의 인간적인 관계를 통해서 더 큰 만족과 가치를 느낀다.

셋째, 자신의 감정을 잘 조절한다. 물론 '감정노동자'를 대하는 고객의 태도도 달라져야겠지만, 고객이 모욕적인 언행을 하더라도 그것을 자신에 대한 공격으로 받아들이지 않고 부정적인 감정을 긍정적인 감정으로 바꾸도록 노력하는 것이 고객지향의 출발점이라 할 수 있다.

연계 포인트

1. 진정성을 지닌 행동 / 2. 유대관계 형성 / 3. 감정 조절

- **자기소개서**
  - 상대방이 필요로 하는 도움을 주고 성취나 보람을 느낀 경험을 자기소개서에 연계한다.
  - 불편해진 인간관계를 진솔한 대화와 진심어린 마음의 전달로 회복한 경험을 자기소개서에 연계한다.
  - 타인과의 관계에서 유대감을 형성하기 위해 먼저 손을 내밀고 친근하게 다가가 상대방을 배려한 경험을 자기소개서에 연계한다.
  - 과제를 수행할 때 구성원들과의 두터운 신뢰관계를 바탕으로 기대 이상의 성과를 낸 경험을 자기소개서에 연계한다.

- **면접**
  - 면접관이나 다른 지원자들이 말할 때 과도하게 고개를 끄덕이거나 지나치게 호응하는 것은 진정성이 느껴지지 않기 때문에 적정선을 유지하도록 한다.

- 답변할 때 면접관과 부드럽게 시선을 맞추며 유대감을 나타낸다.
- 면접관이 자신의 감정을 상하게 하는 말을 할 때, 그것을 자신에 대한 공격으로 받아들이지 않고 그 상황을 긍정적으로 받아들인다.
- 합숙 면접 시 다른 지원자의 생각과 의견에 대해 무시하거나 비꼬는 듯한 언행을 하지 않는다. 또한 다른 지원자로부터 감정적인 공격을 받았을 경우 감정적으로 대응하지 않는다.

+ 공통 역량 넷, 혁신지향

무한경쟁 시장에서 도태되지 않기 위해 기업은 끊임없이 매력적인 시장을 개척하고 신규 사업을 발굴해 새로운 제품과 서비스로 고객이 원하는 가치를 제공해야 한다. 지속적인 혁신만이 기업의 경쟁력을 확보하고 쇠퇴의 길에서 벗어날 수 있는 해법을 제시해줄 수 있다.

혁신은 새로운 가치를 창조하기 위해 기존의 낡은 방법과 사고 등을 고치거나 바꿔, 새롭고 유용한 결과물을 만드는 창의적 정신을 말한다. 또 혁신지향적인 마인드는 실패를 두려워하지 않고 위험을 감수하는 도전 정신을 뜻한다. 때문에 기업은 고정관념을 깨고 새로운 아이디어로 문제를 해결하거나 새로운 제품과 서비스를 창조할 수 있는 기업가정신을 지닌 지원자를 선호한다.

연계 포인트

1. 창의적 정신 / 2. 도전 정신

• 자기소개서
- 새롭고 독창적인 방식으로 문제를 해결하거나 새로운 결과물을 만들어낸 경험을 자기소개서에 연계한다.
- 팀 프로젝트에서 자신의 창의적인 아이디어가 채택돼 좋은 성과를 낸 경

험을 자기소개서에 담는다.

– 위험을 무릅쓰고 변화를 적극적으로 수용함으로써 기대 이상의 성과를 낸 경험을 자기소개서에 기술한다.

- 면접

– 면접관 앞에서 도전적이고 진취적인 답변 태도를 보인다. 무조건 긍정적으로 답변하는 것도 피해야 하지만, 부정적인 분석에 따른 부정적인 결론은 금물이다.

– 질의응답 시 천편일률적인 답변에서 벗어나 흥미를 유발할 수 있는 창의적인 답변을 한다. 단, 창의적인 답변에 대한 근거는 합리적이어야 한다.

– 프레젠테이션 면접이나 합숙 면접 시 과제를 해결하는 과정에서 면접관들이 새롭다고 느낄 수 있는 독특한 아이디어를 제시한다.

+ 공통 역량 다섯, 열정

혁신도 열정이 있어야 가능하다. 기업이 스펙보다 열정을 중요시하는 이유는 맡은 일에 열렬한 애정을 가진 구성원이 업무 몰입도와 조직 몰입도가 높기 때문이다. 높은 몰입도는 기업의 높은 성과로 이어지기 마련이다.

열정은 자신이 하는 일에 애정을 가지고 열중하는 마음과 태도를 말한다. 자신의 모든 에너지를 쏟을 수 있는 간절한 목표가 생겼을 때 열정이 생기는 것이다. 기업은 다람쥐 쳇바퀴 돌리듯 무조건 열심히 뛰는 사람이 아니라, 뚜렷한 목표를 향해 거침없이 달려가는 열정적인 사람을 원한다.

그렇다면 인사담당자나 면접관에게 열정을 보여줄 수 있는 가장 효과적인 방법은 무엇일까? 바로 입사를 희망하는 기업의 본사나 영업점을 직접 찾아가서 현장을 관찰하고 직원들을 만나 대화를 나눈 경험 등을 언급하면서 입사에 대한 간절한 마음과 의지를 보이는 것이다.

1. 열중하는 마음과 태도 / 2. 정확한 비전과 목표의식

- 자기소개서

  - 밤을 새울 정도로 열중해 자신에게 맡겨진 일이나 과제를 성공적으로 완수한 경험을 자기소개서에 연계한다.
  - 열정적인 마인드와 행동을 통해 자신의 삶이 변화되고 타인에게 긍정적인 영향을 끼친 경험을 자기소개서에 기술한다.
  - 터무니없는 이상이 아닌 구체적인 비전을 이루기 위해 지금까지 자신이 해낸 일, 지원 기업에 입사해 자신이 이뤄나갈 일 등을 조목조목 자세히 자기소개서에 담는다.

- 면접

  - 면접관 앞에서 자신의 비전과 목표를 구체적인 실현 목표와 실현 계획 등으로 나눠 체계적으로 구술한다.
  - 면접관 앞에서 기업의 비전과 전략을 적극적으로 실행하고자 하는 의지를 보인다.
  - 질의응답 시 답변 태도와 표정에서 어떤 일이든지 혼신의 힘을 다해 하겠다는 강한 열정과 의욕을 보인다.
  - 합숙 면접 시 기대 이상의 성과를 내기 위해 온 힘을 다해 노력하는 모습을 보인다. 그렇다고 혼자 튀는 모습은 좋지 않다. '과유불급'을 잊지 말자.

3 기업이 요구하는 역량을 보여주라

기업은 신입사원을 선발할 때 공통 역량뿐만이 아니라 지원자가 성과를 창출할 수 있는 직무 관련 지식과 기술을 갖추고 있는지를 평가한다. 전문지식과 기술을 실제 업무에서 활용할 수 있는지 여부도 평가 대상이 된다. 때문에 자신이 지원한 직무에 대해 상세히 파악하는 것은 물론, 해당 직무를 수행하는 데 필요한 역량 또는 자격이 무엇인지도 정확히 숙지해야 한다.

일반적으로 기업에서 요구하는 직무 역량은 두 그룹으로 나뉜다.

첫 번째 그룹은 어떤 직무를 담당하든 성공적으로 수행하는 데 공통적으로 필요한 '직무 기본역량'이다. 기업에 따라서는 이러한 직무 기본역량을 모든 구성원이 갖추어야 할 공통 역량으로 분류하기도 한다.

두 번째 그룹은 직무의 특성과 성과요인에 따라 각각의 직무를 성공적으로 수행하는 데 필요한 '직무 전문역량'이다. 예컨대 영업 업무를 담당하는 직원에게 필요한 직무 전문역량은 '협상교섭력'과 '고객관리지식' 등이고, 재무회계 업무를 담당하는 직원들에게 필요한 직무 전문역량은 '재무지식'과 '회계지식' 등이다.

[표 4-3] 지원분야별 직무 역량 연계 예시

직무 역량	지원분야	전략기획	상품개발	마케팅	홍보	영업	인사노무	교육	총무	법무감사	재경	구매	물류	생산	품질	IT	디자인	서비스
직무 기본 역량	전략적 사고	√	√	√	√	√	√	√	√	√	√	√	√	√	√	√	√	√
	논리적 사고	√	√	√	√	√	√	√	√	√	√	√	√	√	√	√	√	√
	문제해결력	√	√	√	√	√	√	√	√	√	√	√	√	√	√	√	√	√
직무 전문 역량	프레젠테이션	√	√	√	√	√		√									√	
	정보분석력	√	√	√	√	√	√			√		√	√			√	√	
	상품 기획력		√	√		√						√					√	
	상품 개발력		√														√	
	협상 교섭력				√	√			√			√	√					
	시스템 개발력																√	
	마케팅 지식		√	√	√	√						√					√	
	재무회계 지식	√							√		√							
	인사관리 지식						√	√	√	√								
	생산관리 지식													√				
	구매관리 지식					√						√						
	물류관리 지식												√					
	품질관리 지식														√			
	정보통신 지식															√		
	제품 지식	√	√	√	√	√		√				√	√	√	√		√	√
	교육개발 지식						√	√										
	고객관리 지식			√	√	√						√						√
	법무감사 지식						√		√	√								

기업이 요구하는 직무 역량을 파악하면, 자기소개서의 각 항목들을 직무 역량과 긴밀하게 연계시켜 내실 있는 자기소개서를 작성할 수 있다. 면접 과정에서도 질의응답이나 프레젠테이션 등을 통해 자신이 기업의 요구역량을 갖추고 있음을 면접관에게 증명할 수 있다.

기업들이 직원들에게 요구하는 대표적인 직무 역량은 '전략적 사고', '논리적 사고', '문제해결력'이다. 여기서는 이 세 가지 직무 역량에 대해 구체적으로 알아보고, 직무 역량을 자기소개서와 면접에 연계하는 포인트를 짚어보도록 하겠다.

+ 직무 역량 하나, 전략적 사고

기업에서 전략이란 경쟁시장에서 지속적으로 우위를 확보하기 위해, 어디서 경쟁하고where to compete, 어떻게 경쟁하며how to compete, 언제 경쟁할 것인가when to compete를 결정하는 과정을 말한다. 이러한 전략의 정의에 비춰본다면 전략적 사고란 기업의 사명과 비전을 실현하기 위해 외부환경과 내부역량을 분석해 전략을 수립하고 실행하는 과정에서, 한정된 자원을 효율적으로 관리하고 배분하는 능력을 말한다.

대부분의 국내 기업들은 완전경쟁시장에서 치열한 경쟁을 하고 있다. 때문에 기업 입장에서는 경쟁에서 이기거나 경쟁에서 벗어날 수 있는 전략 수립을 중요시하며 전략적 사고 역량을 갖춘 사람을 선호한다.

연계 포인트

1. 경영환경 분석 / 2. 한정된 자원의 효율적 활용

- 자기소개서
- 과제나 인턴 활동을 할 때 경영환경을 분석하고 체계적인 전략을 수립한 뒤 전략을 실행함으로써 성과를 낸 경험을 자기소개서에 연계한다.
- 자신이 속한 조직에서 한정된 예산을 전략적으로 배분해 성과를 낸 경험을 자기소개서에 담는다.
- 과제나 공모전에서 전략적인 계획과 실행으로 성과를 이룬 경험을 자기소개서에 연계한다.
- 우선순위에 따라 일을 선택하고 집중함으로써 탁월한 성과를 낸 경험을 자기소개서에 기술한다.

- 면접
  - 프레젠테이션 면접이나 합숙 면접 시 과제를 해결하는 과정에서 경영환경을 분석하고 전략을 수립한 뒤 전략을 실행하기 위한 구체적인 방안을 제시한다.
  - 프레젠테이션 면접이나 합숙 면접 시 과제를 해결하는 과정에서 한정된 자원을 효율적으로 활용하기 위해 구체적인 방안을 제시하는 모습을 보인다.
  - 합숙 면접 시 과제를 수행하는 과정에서 팀원들의 업무를 분장하고 인적자원을 효율적으로 활용하는 모습을 보인다.

+ 직무 역량 둘, 논리적 사고

논리적 사고의 기본은 자기 주장이나 결론So What?에 대해 논리적인 근거Why So?를 제시하는 것이다. 취업준비 단계에서 활용할 수 있는 대표적인 논리적 사고법은 컨설팅 기업인 맥킨지McKinsey&Company에서 처음 사용한 것으로 알려진 'MECEMutually Exclusive and Collectively Exhaustive'와 '로직트리Logic Tree'다.

MECE란 어떤 문제나 이슈, 개념 등을 모을 때 상호 중복되지 않는 의미를 지니면서Mutually Exclusive, 누락된 것 없이 전체를 파악Collectively Exhaustive하는 사고를 말한다.

로직트리는 문제나 과제를 논리적으로 분해해 정리하는 것을 말한다. 즉 MECE적 사고로 파악한 문제나 과제의 원인, 이슈, 해결안 등을 상위 개념에서 하위 개념으로 분해하고 정리하는 것이 로직트리다. 로직트리는 기업에서 문제가 무엇인지 파악하거나 문제의 원인을 분석할 때 주로 사용한다.

[그림 4-1] 로직트리

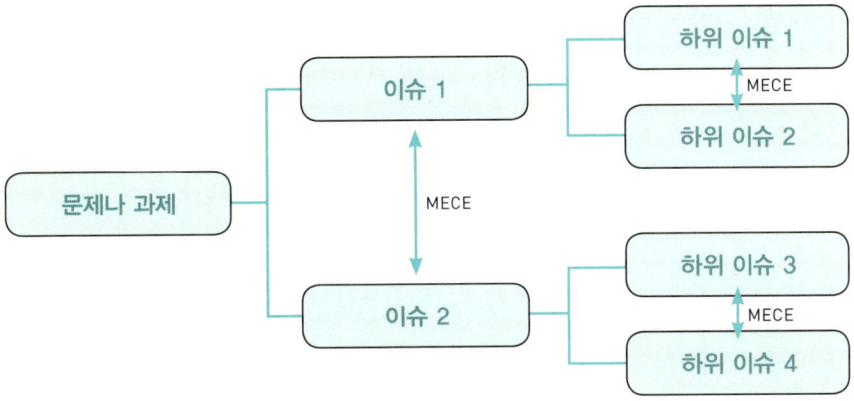

1. 논리적 근거 제시 / 2. 단계적 구조화

- 자기소개서
  - 자기소개서의 각 항목들을 작성할 때, 첫머리에 결론을 쓰고 그에 대한 구체적인 사례를 논리적으로 기술한다. 이 과정에서 다루고자 하는 각각의 이슈나 해결책의 근거들이 중복되지 않도록 한다. 또 요점이 누락되지 않고 논점에서 벗어나지 않도록 주의한다.
  - 자기소개서 각 문장들이 인과관계에 따라 논리적으로 연결되도록 문장을 구성한다.
  - 문제나 과제를 단계로 나누어 구조화시킴으로써 막연해 보이던 문제를 구체적인 이슈로 분석해 그에 맞는 해결안을 찾은 경험을 자기소개서에 연계한다.

- 면접
  - 질의응답 시 면접관의 모든 질문에 결론부터 말한 뒤 결론에 이르게 된 근거를 객관적인 사실과 경험에 기초해 말한다.

- 토론 면접 시 자신의 주장에 대해 논리적인 근거를 제시한다. 근거는 객관적이고 믿을 수 있어야 한다.
- 합숙 면접 시 과제를 수행하는 과정에서 로직트리를 통해 단시간에 공통된 이해를 바탕으로 문제를 해결하는 모습을 보인다.

+ 직무 역량 셋, 문제해결력

문제해결력은 목표should be와 현 상황as is 사이에서 발생하는 차이gap를 없애거나 줄일 수 있는 능력을 말한다. 기업은 문제해결 경험이 풍부한 경영컨설턴트나 기업 사례를 통해 문제해결 능력을 훈련받은 MBA 출신을 선호한다. 최근 신입사원 면접에서도 문제해결력을 평가하기 위해 프레젠테이션 면접과 합숙 면접의 비중이 늘어나는 추세다.

자신이 문제해결 능력을 갖춘 지원자임을 증명하기 위해서는 먼저 무엇이 문제이고 문제가 아닌지 파악할 수 있어야 한다. 또 문제를 한 단계씩 논리적으로 풀어가는 모습을 보여야 한다. 자신의 문제해결력을 보여주고 싶다면 맥킨지의 4단계 문제해결 프로세스를 참고하자.

문제해결 프로세스의 첫 번째 단계는 문제를 정의하고 이 문제가 조직과 구성원에게 어떤 영향을 미치는지, 핵심 이슈가 무엇인지 파악하는 것이다. 두 번째 단계는 이슈를 분석한 뒤 이슈 해결을 위한 가설을 설정하는 것이다. 세 번째 단계는 가설을 검증하기 위한 자료를 수집해 정보를 분석하는 것이다. 마지막 네 번째 단계는 분석결과를 종합해 해결 방안을 찾는 것이다. 프레젠테이션 면접이나 합숙 면접에서 이와 같은 문제해결 프로세스를 활용해 문제를 해결한다면 좋은 평가를 받을 수 있을 것이다.

연계 포인트

1. 문제의 정확한 정의 / 2. 문제해결 프로세스

- 자기소개서

– 과제의 핵심을 정확히 파악하고 구체적인 실행전략을 마련한 경험을 자기
  소개서에 연계한다.

– 일상생활에서 발생한 문제의 원인들을 정확히 파악하고 대처한 경험을 자
  기소개서에 담는다.

– 자신이 속한 조직에 문제가 생겼을 때 임시방편으로 문제를 해결하지 않
  고 문제해결 프로세스에 따라 문제의 근본 원인과 해결책을 찾기 위해 노
  력한 경험을 자기소개서에 기술한다.

– 과제나 공모전에서 문제해결 프로세스에 따라 해결책을 찾음으로써 기대
  이상의 성과를 낸 경험을 자기소개서에 연계한다.

- 면접

– 개인 면접 시 "차바퀴가 다섯 개라면 어떻게 사용하겠는가?", "우리나라에
  서 하루에 양말을 두 번 갈아 신는 사람은 몇 명인가?"와 같이 난감한 질
  문을 받았을 때 질문의 의도를 신속히 파악한 후 문제의 핵심에 접근하는
  모습을 보인다.

– 프레젠테이션 면접이나 합숙 면접 시 문제해결 프로세스에 따라 문제를
  정의한 후 이슈를 분석하고 해결안을 도출하는 모습을 보인다.

4 리더십 역량으로 차별화하라

기업은 리더십을 발휘해 다른 구성원들과 함께 조직의 비전과 전략을 실현할 수 있는 지원자를 원한다. 여기서 리더십이란 '다른 사람으로 하여금 자발적으로 노력하게끔 영향력을 행사하는 능력'을 말한다. 리더십의 정의에 비춰본다면 섬김과 배려로 타인에게 영향력을 끼치는 사람도, 카리스마로 다른 사람들에게 영향력을 행사하는 사람도 리더십이 있다고 말할 수 있다.

기업이 원하는 리더십 유형도 다양하기 때문에, 꼭 자신의 리더십 역량을 증명하기 위해 과대표나 동아리회장과 같이 리더의 역할을 수행한 경험만을 강조할 필요는 없다. 오히려 요즘은 조직 내 수평적인 관계 속에서 타인에게 미치는 긍정적인 영향력이나 다른 사람 말에 귀 기울이며 궂은일도 마다하지 않는 '하인servant'과 같은 리더십을 선호하기도 한다. 또 과거에 어떤 리더의 역할을 했는지보다 리더십 역량을 어떻게 발휘해 어떤 결과와 효과를 가져왔는지에 대해 더 큰 관심을 보인다.

기업에서 요구하는 대표적인 리더십 역량은 '비전공유', '동기부여', '코칭' 등이다.

+ 리더십 역량 하나, 비전공유

비전공유란 비전을 명확히 수립하고, 비전을 실현하기 위해 구체적인 전략과 목표, 추진활동을 제시하는 것을 말한다. 또 비전이 모든 구성원들의 일상 생활 속으로 녹아들 수 있도록 다양한 방법을 통해 지속적으로 소통하는 것을 의미한다.

비전공유 역량은 동기부여 역량과도 관련이 있다. 기업의 비전을 실현하는 것이 기업에 이익이 될 뿐만 아니라 구성원 개개인에게도 이익이 될 수 있음을 지속적으로 커뮤니케이션할 때 구성원들의 역량을 최대로 이끌어낼 수 있기 때문이다.

실제로 비전공유 역량이 탁월한 사람은 조직의 비전이 구성원들의 업무와 어떻게 연계되어 있는지, 또 조직의 성공이 구성원 각 개인의 성공과 어떻게 연관되어 있는지를 구체적이면서도 명확하게 커뮤니케이션한다.

1. 비전 수립 / 2. 비전 커뮤니케이션

- 자기소개서

 - 자신의 비전을 실현하기 위해 구체적인 전략과 목표를 세우고 실행한 경험을 자기소개서에 담는다.

 - 조직의 비전을 자신의 비전으로 인식해 일을 성공적으로 수행하고 구성원들의 역량 또한 증대된 경험을 자기소개서에 연계한다.

- 면접

 - 지원 기업의 비전을 정확히 알고, 적극적으로 실현하고자 하는 의지를 보인다. 그러기 위해서는 정확한 기업분석이 선행되어야 한다.

 - 면접관이 지원 동기와 입사 후 포부에 대해 질문할 때, 장기적 비전과 단기적인 목표로 나눠 구체적인 실행계획까지 전달한다면 더욱 좋다.

 - 합숙 면접 시 과제를 수행하는 과정에서 과제의 목표와 기대성과 등에 대해 다른 지원자들과 적극적으로 커뮤니케이션하는 모습을 보인다.

+ 리더십 역량 둘, 동기부여

동기부여는 사람의 마음을 열고 행동하도록 움직이게 만드는 것을 말한다. 상대방에 대한 인정과 칭찬을 통해 긍정적 자극을 주고, 다른 사람들이 스스로 목표를 설정하고 이룰 수 있도록 권한을 위임하는 것이 바로 동기부여다. 책임과 함께 권한을 부여받아야 그 대상에 대한 애착이 커진다. 애착이 커져야 열정도 발휘된다.

기업에서 동기부여를 중요시하는 이유는 구성원들이 동기부여가 됐을 때 조직과 업무에 대한 몰입도가 높아지기 때문이다. 가장 효과적인 동기부여는 남들이 자신의 행동과 가치를 따를 수 있도록 실제 모범을 보이는 자기동기부여와 솔선수범이다.

연계 포인트

1. 인정과 칭찬 / 2. 동기부여와 솔선수범 / 3. 권한 위임

- 자기소개서
- 다른 사람이 수행한 일의 결과가 좋지 않았더라도 일을 수행한 과정에서 칭찬할 만한 부분을 찾아 인정하고 격려함으로써 상대방이 성장할 수 있도록 도운 경험을 자기소개서에 담는다.
- 과제나 행사를 추진할 때 실제 행동으로 모범을 보여 다른 구성원들에게 동기를 부여한 경험을 자기소개서에 기술한다.
- 다른 구성원들의 잠재적 역량을 신뢰함으로써 그들이 최상의 능력을 발휘하도록 지원한 경험을 자기소개서에 연계한다.
- 다른 구성원들과 함께 과제를 수행할 때 구성원들에게 책임과 권한을 명확히 부여해 성과를 이끌어낸 경험을 자기소개서에 담는다.

- 면접
- 토론 면접이나 합숙 면접 시 기회가 있을 때마다 다른 지원자들의 의견과 행동에 긍정적인 반응을 보이고 인정하는 태도를 보인다.
- 합숙 면접 시 과제를 수행하는 과정에서 남들이 꺼리는 어려운 일을 자발적으로 맡는 모습을 보인다. 솔선수범을 통해 좋은 성과를 낸다면 자신에 대한 긍정적인 평가는 배가 될 것이다.
- 합숙 면접 시 과제를 수행할 때 다른 지원자들의 생각과 의견, 역할을 존중하는 모습을 보인다.

+ 리더십 역량 셋, 코칭

코칭이란 코칭을 받는 사람이 지니고 있는 무한한 가능성을 믿고, 그 사람 내부에 존재하는 문제의 답과 능력을 끌어내는 것을 말한다. 즉 코칭은 코칭 받는 사람이 자신의 잠재력을 최대한 발휘하는 과정에 동반자가 되는 것이다.

코칭 역량이 뛰어난 사람들에게는 공통점이 있다.

첫째, 자신이 하고 싶은 말은 적게 하고 상대방의 생각과 의견을 주의 깊게 잘 듣는다. 상대방을 깊이 이해할수록 코칭의 효과가 높아지기 때문이다.

둘째, 상대방이 스스로 문제의 해결책을 찾거나 문제의 핵심에 접근할 수 있도록 효과적인 질문을 한다. 즉 상대방을 섣불리 판단하거나 경솔하게 조언하지 않는다.

셋째, 상황에 적합한 피드백을 잘한다. 상대방이 잘한 행동에 대해서는 긍정적인 피드백을 하고, 잘못된 행동에 대해서는 상대방의 자존감을 지켜주면서도 행동의 개선을 위한 교정적인 피드백을 한다.

연계 포인트

1. 적극적인 경청 / 2. 효과적인 질문 / 3. 적합한 피드백

• 자기소개서

- 상대방이 편하게 말할 수 있도록 자신의 마음을 먼저 열고 적극적으로 경청한 경험을 자기소개서에 연계한다.
- 답을 찾지 못하고 어려움을 겪고 있는 사람이 스스로 답을 찾을 수 있도록 질문을 던진 경험을 자기소개서에 기술한다.
- 자신의 긍정적인 피드백으로 인해 상대방의 자존감이 높아지고 탁월한 성과를 낸 경험을 자기소개서에 담는다.
- 상대방의 잘못된 행동을 개선하기 위해, 개선할 방향을 구체적으로 제시하고 함께 답을 찾기 위해 노력한 경험을 자기소개서에 연계한다.

- 면접

    - 면접관의 질문을 정확히 이해하고 동문서답하지 않는다.

    - 면접관이나 다른 지원자들이 말할 때 말을 끊거나 반박하지 않는다.

    - 집단 면접 시 다른 지원자들이 말할 때 고개를 끄덕이는 등 진심으로 경청하는 모습을 보인다.

    - 토론 면접 시 상대방의 주장에 반대하는 경우 상대방의 자존심이나 감정을 상하게 할 수 있는 언어표현을 쓰지 않는다.

[실습템플릿 4-1] 지원 기업 요구역량

입사를 희망하는 기업에서 요구하는 공통 역량, 직무 역량, 리더십 역량의 이름과 내용을 찾아 작성해보자.

역량그룹	역량명	내용
공통 역량		
직무 역량		
리더십 역량		

PART II

기업분석과
취업승리를 연계하라

앞에서 실습템플릿을 활용해 지원기업의 기업분석을 끝냈다면, 이제는 실전이다. 이력서는 서류심사 단계의 기본 자료이자 인사담당자와 공식적인 첫 만남이다. 첫 만남에서 프로페셔널한 느낌을 주지 못하면 아무리 능력이 뛰어나도 면접 기회조차 얻지 못한다. 때문에 이력서는 기업이 요구하는 자신의 역량을 직접적으로 보여주는 '바로미터' 역할을 해야 한다. 이력서에 직무와 관련한 인턴 경험, 자격면허증, 수상경력 등을 기재해 자신이 지원 분야에서 요구하는 직무 역량을 갖추고 있음을 증명해 보인다.

Chapter

5

기업분석과
연계한 이력서

RESUME

1 기업분석을 통해 역량 적합성을 강조하라

앞서 2, 3, 4장에서 실습템플릿을 활용해 지원 기업의 기업분석을 끝냈다면, 이제는 실전이다.

먼저 이력서와 기업분석을 연계하는 방법을 살펴보자. 이력서는 서류심사 단계의 기본 자료이자 인사담당자와 공식적인 첫 만남이다. 첫 만남에서 프로페셔널한 느낌을 주지 못하면 면접 기회조차 얻지 못할 수도 있다. 때문에 이력서는 기업이 요구하는 자신의 역량을 직접적으로 보여주는 '바로미터' 역할을 해야 한다. 이력서에 직무와 관련한 인턴 경험, 자격면허증, 수상경력 등을 기재해 자신이 지원 분야에서 요구하는 직무 역량을 갖추고 있음을 증명해 보인다.

대부분 기업들이 모집 분야별 전공 제한을 두지는 않지만, 전산 직무에 법학 전공자보다 전산학 전공자를 선호하고 경리 직무에는 유전공학 전공자보다 회계학 전공자를 원하게 된다. 만약 자신의 전공이 직무와 관련성이 적은 분야라면, 직무와 관련성을 찾을 수 있는 복수전공이나 부전공, 수상경력 및 과외 활동 등을 부각해 관련 분야에 관한 지식과 경험을 갖추고 있음을 증명하는 것이 필요하다.

[그림 5-1] 기업분석을 통한 국문이력서 작성 예

역량그룹	역량명	내용
공통 역량	① 창의성	
	② 팀워크	
	③ 외국어능력	
직무 역량	④ 금융지식	
	⑤ IT활용능력	
리더십 역량	⑥ 봉사정신	

〈4장 기업분석 전략 셋, 요구역량〉

[실습템플릿 4-1] 지원 기업 요구역량
입사를 희망하는 기업에서 요구하는 공통 역량, 직무 역량,
리더십 역량의 이름과 내용을 찾아 작성해보자.

기업
분석
연계

사 진

개인 정보	성명	한글	김OO
		한자	金OO
	주민등록번호		850507-10*****
	주소		서울시 OO구 OO로 OO번지
	연락처	전화번호	02-OOO-OOOO
		핸드폰	010-OOO-OOOO
	E-Mail		OOOOO@gmail.com

〈5장 기업분석과 연계한 이력서〉

[그림 5-2] 국문이력서 작성 예

학력	입학일자	졸업일자	학교명	학과	소재지	이수구분
	2001.03	2004.02	OO고등학교		서울	졸업
	2004.03	2010.08	OO대학교	경영학과	본교	학사
	2011.03	2013.02	OO대학교 OO대학원	경영학과	본교	석사

④ 경력

근무기관명	입사일자	퇴사일자	담당업무	직위
OO금융사	2013.02	2014.03	해외 리스크관리 사례분석	사원
OO주식회사	2010.08	2011.02	재무분석 보고서 작성 보조	인턴

⑤ 자격
면허

명칭	자격번호	발행처	취득일자
컴퓨터활용능력 1급	13-OO-OOOOOO	대한상공회의소	2013.09.26
워드프로세서 1급	12-OO-OOOOOO	대한상공회의소	2012.05.30

① 수상
경력

명칭	수여기관	수상일자
OOO창업경진대회, 최우수상	OO재단	2012.11.13
OO대학 학술경연대회, 장려상	OO대학교	2009.10.12

③ 외국어 / ② 특기사항

외국어		특기 사항	
영어	IBT, 113점 (2013.05.26)		축구
중국어	HSK, 5급 (2014.02.16)		재즈댄스

병역	군필여부	계급	제대구분	군별	군번	병과	복무기간
	군필	병장	만기전역	육군	07-OOOOOOOO	1111	2007.05.07 ~ 2009.04.12

⑥ 과외
활동

활동기간	단체명	활동내용
2011.03~2013.02	OO자원봉사센터	OO구 노숙인 무료급식 자원봉사
2005.03~2007.04	OO지역아동센터	OO구 저소득층 초등학생 방과 후 학습지도

※기업분석을 통해 기업이
원하는 역량을 이력서에
여실히 담아낼 수 있다.

123

2 프로페셔널한 이력서, 이렇게 공략하라

+ 정직하되 겸손하지는 말라

이력서는 정직하게 작성해야 한다. 합격한 후에라도 이력서의 기재사실이 허위로 판명될 경우 입사는 취소된다. 설상가상으로 법적인 책임을 질 수도 있다. 특히 경력 항목을 작성할 때 정직해야 한다. 실제로 알고 있는 것보다 더 아는 척, 실제로 해본 것보다 더 해본 척, 자신이 갖고 있지 않은 역량을 보유하고 있는 척하는, 소위 '삼 척'의 유혹에서 벗어나야 한다. '삼 척'을 통해 취업에 성공한다고 해도 실질적인 업무 수행과정에서 거짓말이 금세 탄로날 수 있다는 것을 명심하자.

그렇다고 '이런 것까지 쓸 필요가 있을까' 하는 겸손한 마음에 있는 사실마저 감출 필요는 없다. 당신이 아무리 남들보다 차별화된 경험을 했다 하더라도, 말하지 않으면 누구도 알 수 없다. 정직하되 겸손하게 작성하진 말자. 자신의 장점을 최대한 드러내되, 읽는 사람이 거부감을 느끼지 않게끔 쓰는 것이 좋다.

+ 간단명료하게 작성하라

이력서에는 군더더기 없이 핵심만 있어야 한다. "완전함은 더 이상 덧붙일 것이 없을 때가 아니라 더 이상 뺄 것이 없을 때 달성된다"는 생텍쥐베리의 말을 기억하자. 하루에 수백 장의 이력서를 읽는 인사담당자는 당신이 생각하는 것보다 훨씬 바쁘다. 한 사람의 이력서만 자세히 읽어볼 시간이 없다. 내가 정성 들여 썼기 때문에 인사담당자도 정성 들여 읽을 것이라고 생각하면 큰 착각이다. 기업마다 차이는 있지만 인사담당자가 한 장의 이력서를 읽는 데 걸리는 시간은 짧게는 3초 길게는 15초 내외다. 한눈에 쏙 들어오도록 심플하게 작성해야 인사담당자가 관심을 갖고 읽기 시작한다.

입사지원서를 신문에 비유하자면, 이력서는 헤드라인이고 자기소개서는 기사다. 신문 읽을 시간이 많지 않다면 어떤 기사를 읽겠는가? 헤드라인이 눈에 들어와야 기사도 읽는 법이다. 이력서에 모든 것을 담으려고 하지 말고 업무와 가장 관련이 있고 설득력 있는 이야기를 정갈하게 쓰도록 하자. 이력서에 담지 못한 이야기는 자기소개서에 쓰면 된다.

+ 기업의 요구사항을 지키라

반드시 이력서 작성 요구사항에 따라 써야 한다. 이력서 작성법은 기업이

정한 규정 중 하나다. 사소한 부분이라도 이를 어기는 것은 입사 전부터 기업의 규정을 소홀히 여긴다는 인상을 준다. 작성 방법을 어기고 마음대로 쓴 이력서는 인사담당자의 책상 위에 머무를 틈 없이 쓰레기통에 버려진다.

예컨대 경진대회에서 수상한 경력을 이력서에 쓰고 싶은데 이력서 작성란에 '수상경력'이 없다면 안 쓰는 것이 낫다. 작성 지침을 어기면서까지 수상경력을 '자격면허증' 항목에 기재하는 것은 매우 어리석은 행동이다. 꼭 쓰고 싶다면 자기소개서에 해당 내용을 구체적으로 기술하면 된다. 사진 첨부도 마찬가지다. 기업이 요구한 사진 크기와 파일형태를 지켜야 한다.

+ 작은 실수가 탈락을 부른다

이력서에는 오자誤字가 없어야 한다. 오자가 있는 이력서는 인사담당자의 눈살을 찌푸리게 만든다. 인생의 가장 중요한 서류 중 하나인 이력서에 오자를 남기는 사람이라면, 입사 후 업무도 정확히 수행하지 못할 사람이라고 판단하기 때문이다. 또한 오자는 시간에 쫓겨 이력서를 급하게 썼다는 불성실한 인상을 준다. '일단 되든 안 되든 질러나 보자'는 식으로 무성의하게 지원했다는 느낌마저 준다. 이력서를 다 작성한 후에는 맞춤법과 띄어쓰기 등을 꼼꼼히 확인한다. 또한 단어와 용어 선택에 신중을 기하자. SNS에서 쓸 법한 단어는 사용하지 않는다. 추상적인 표현도 피하자. 흠이 없는 이력서를 작성하려면 시간적 여유가 필요하다. 가능하면 원서접수 마감 일주일 전에 이력서 작성을 마치고 제출하는 순간까지 반복해서 검토하고, 제출하기 전에 반드시 사본을 보관한다. 그리고 절대로 범해서는 안 되는 또 하나의 실수가 있다. 바로 지원 기업의 이름을 틀리게 쓰는 것이다. 여러 기업에 한꺼번에 지원하는 지원자들이 간혹 이전에 지원한 기업의 이름을 바꾸지 않고 그대로 쓰는 경우가 있는데, 기업명이 틀린 이력서는 쓰레기통으로 직행한다는 것을 명심, 또 명심하자.

3 국문이력서 항목별 작성법

대기업이나 공공기관처럼 신입사원을 공채로 선발하는 기업은 온라인으로 이력서를 제출받는 경우가 많다. 이런 경우 온라인 이력서 양식에 따라 충실하게 내용을 채워 넣으면 된다. 만약 입사하려는 기업에 이력서 양식이 없다면, [그림 5-2]와 같이 보편적인 국문이력서 작성 항목에 따라 작성한다.

• 개인정보

성명, 주민등록번호, 주소, 연락처, 이메일 등을 정확히 기입한다. 성명은 한글로 쓰고 한자나 영문으로 성명을 기입하는 란이 있으면 칸에 맞게 한자와 영문으로 쓰면 된다. 포털사이트가 제공하는 이메일을 사용하는 경우, 간혹 뜻하지 않게 인사담당자가 발송한 메일이 자동적으로 스팸처리가 되어 못 받는 경우가 있으므로 주의해야 한다.

간혹 이력서에 희망연봉을 기재하라는 기업이 있는데, 이런 경우 지원 기업의 연봉 수준을 파악한 후 비슷한 수준으로 쓰면 된다. 희망연봉을 너무 낮게 쓰는 것도, 터무니없이 높게 쓰는 것도 바람직하지 않다. 만약 지원 기업의 연

[그림 5-2] 국문이력서 작성 예

사 진	개인 정보	성명	한글	김OO
			한자	金OO
		주민등록번호		850507-10*****
		주소		서울시 OO구 OO로 OO번지
		연락처	전화번호	02-OOO-OOOO
			핸드폰	010-OOO-OOOO
		E-Mail		OOOOO@gmail.com

학력	입학일자	졸업일자	학교명	학과	소재지	이수구분
	2001.03	2004.02	OO고등학교		서울	졸업
	2004.03	2010.08	OO대학교	경영학과	본교	학사
	2011.03	2013.02	OO대학교 OO대학원	경영학과	본교	석사

경력	근무기관명	입사일자	퇴사일자	담당업무	직위
	OO금융사	2013.02	2014.03	해외 리스크관리 사례분석	사원
	OO주식회사	2010.08	2011.02	재무분석 보고서 작성 보조	인턴

자격 면허	명칭	자격번호	발행처	취득일자
	컴퓨터활용능력 1급	13-OO-OOOOOO	대한상공회의소	2013.09.26
	워드프로세서 1급	12-OO-OOOOOO	대한상공회의소	2012.05.30

수상 경력	명칭	수여기관	수상일자
	OOO창업경진대회, 최우수상	OO재단	2012.11.13
	OO대학 학술경연대회, 장려상	OO대학교	2009.10.12

외국어	영어	IBT, 113점 (2013.05.26)	특기 사항	축구
	중국어	HSK, 5급 (2014.02.16)		재즈댄스

병역	군필여부	계급	제대구분	군별	군번	병과	복무기간
	군필	병장	만기전역	육군	07-OOOOOOOO	1111	2007.05.07 ~ 2009.04.12

과외 활동	활동기간	단체명	활동내용
	2011.03~2013.02	OO자원봉사센터	OO구 노숙인 무료급식 자원봉사
	2005.03~2007.04	OO지역아동센터	OO구 저소득층 초등학생 방과 후 학습지도

봉 수준을 모른다면 동종업계 평균 연봉을 기준으로 삼으면 된다.

또한 이력서에 희망 근무지를 1, 2, 3순위로 기재하는 란이 있다면, 솔직하게 가장 근무하고 싶은 지역을 1순위로 쓰고 2, 3순위는 1순위와 다른 지역으로 표기한다.

- 학력

입사하려는 기업에서 고등학교 이전의 학력 정보를 요구하지 않는다면, 고등학교 학력부터 대학교, 대학원 순으로 기입한다. 대학교와 대학원 학력은 학과, 소재지(본교, 분교), 이수 구분(중퇴, 졸업, 수료, 학사, 석사, 박사)을 정확히 기재한다. 대학교나 대학원의 입학일자와 졸업일자는 졸업증명서나 성적증명서를 떼보면 알 수 있다.

- 경력

경력은 인사담당자가 가장 관심 있게 보는 항목이다. 직장을 다닌 경력이 없더라도 경력사항을 빈칸으로 남겨두지 말고 인턴이나 아르바이트 활동을 기재한다. 인턴이나 아르바이트 활동을 통해 직무와 관련한 경험과 지식을 쌓았음을 보여주면 미흡한 경력을 보완할 수 있다. 단 인사담당자가 별로 중요하게 생각하지 않는, 직무와 연관이 없는 인턴이나 아르바이트 경력은 쓰지 않는 것이 좋다.

경력사항을 시간 순으로 기재토록 요구하지 않는다면 최근 경력부터 기입한다. 근무했던 기관명과 입사일자, 퇴사일자, 담당업무, 직위를 정확히 기입한다. 특히 담당업무는 인사담당자가 가장 관심 있게 보는 부분이므로 업무성과 위주로 간결하지만 강렬한 인상을 줄 수 있도록 작성한다.

예를 들면 '조직문화 진단모형 개발 및 분석보고서 작성', '성과지표 설계 및 성과관리절차서 작성', '이러닝 과정개발 12건' 등과 같이 한눈에 알 수 있도록 기재한다. 그리고 이력서를 작성하기 전에 경력증명서를 미리 발급받아 놓는다.

경력사항에 경력을 한 줄 더 넣기 위해 의미 없는 창업 경험을 만들거나 포장하지 않는다. 예컨대 부모님이 운영하시는 매장에서 잠시 전단지를 돌린 경험을 가지고 마치 자신이 홍보대행업체를 창업했던 것처럼 부풀린 지원자가 있었다. 이렇게 스펙을 쌓기 위해 포장하는 경우 대부분 면접 과정에서 가짜임이 드러나기 때문에 오히려 마이너스가 된다.

또 인턴이나 아르바이트 경력이 아니라면, 3개월 미만의 직장 경력은 기재하지 않는 것이 좋다. 인사담당자는 짧은 경력을 볼 때 우리회사도 쉽게 그만둘 수 있는 사람이라는 편견을 갖게 된다. 다만 이력서상의 시간적 공백은 면접에서 질문 대상이 될 수 있다는 것을 기억하자.

만약 면접에서 공백 기간에 대한 질문을 받는다면 경력과 연관성이 낮아 이력서에 기록하지 않았다고 답변하면서 해당 기간에 무엇을 했는지 사실대로 말하면 된다. 그리고 간단하게나마 그 기간 얻은 교훈과 자신의 생각에 변화를 준 의미 있는 경험들을 곁들이면 좋은 인상을 줄 수 있다. 이는 면접 때 대답을 꾸며서 하라는 말이 아니다. 무엇을 하든지 긍정적인 마음으로 열심히 하고 작은 교훈이라도 발견하는 자세를 보인다면 다소 미흡한 경력사항도 보완할 수 있다는 의미다.

• 자격면허

지원 분야 직무와 관련성이 높은 자격면허를 첫 번째 칸에 기입한다. 인사담당자는 자격면허를 통해 직무 역량과 입사를 위한 노력 과정을 평가한다. 자격면허를 기재할 때는 자격면허의 공식명칭과 자격번호, 발행처, 취득일자를 정확히 기입한다.

예를 들어 정보통신 분야의 경우 '정보처리기사, 정보처리산업기사, 사무자

동화산업기사', 재무회계의 경우 '국제재무분석사CFA, 공인회계사CPA, AICPA, 국제재무위험관리사FRM', 인사노무의 경우 '공인노무사, SPHR, PHR' 등을 기재하면 된다.

• 수상경력

직무와 연관성이 높은 공모전 입상, 성적우수 장학금, 교내외 표창장 수상경력 등을 기입한다. 병역의무를 마친 지원자는 군복무 시절 수상했던 상훈에 대해 기입하는 것도 좋다. 특별히 기입할 만한 수상경력이 없다면 빈칸으로 남겨놓지 말고 학창시절 받았던 '개근상'이라도 기입하도록 하자. 개근상을 통해 자신의 성실함을 어필할 수도 있다.

• 외국어

대부분 기업들이 채용 분야나 직군, 직무에 상관없이 영어성적TOEIC, TOEIC Speaking, TEPS, IBT, OPIc을 요구한다. 영어구사 능력은 기업이 원하는 공통 역량 가운데 하나이다. 또한 직종에 따라 일본어JPT, 중국어HSK, 독일어ZD, ZMP, 프랑스어DELF 등 제2외국어 성적을 반영하는 기업도 있다. 제2외국어를 필요로 하지 않는 직무에 지원했다 하더라도 해당 어학 점수가 있다면 기재하도록 한다.

• 특기사항

남들보다 잘하는 특기보다 직무와 연관성이 높은 특기를 기재하도록 한다. 예컨대 세계 각국을 돌아다니며 적시에 적정한 가격으로 원하는 수량의 상품을 구매해야 하는 해외구매담당MD 직무는 상품에 대한 풍부한 지식과 협상력, 외국어 능력을 갖춘 사람을 필요로 한다. 따라서 MD 직무에 지원한다면 특기사항에 '바둑두기'나 '바이올린 연주'로 기재하기보다 '영어회화'처럼 직무와 연관된 특기사항을 기재하는 것이 바람직하다.

군필여부, 계급, 제대 구분, 군별, 군번, 병과, 복무기간을 기재한다. 군번이나 복무기간이 기억나지 않는다면, 병적증명서를 발급받아 확인해볼 수 있다. 병적증명서는 정부민원포털 민원24시(http://www.minwon.go.kr)에서 무료로 발급받을 수 있다.

과외활동 항목에는 동아리 활동, 사회봉사 활동, 종교 활동 등 학과 이외의 활동을 기입한다. 가능하면 직무와 연관성이 높은 과외활동을 중점적으로 기입한다. 인사담당자는 과외활동의 내용뿐만 아니라 활동기간도 중요시하므로 기간을 명시하도록 한다.

또한 과외활동의 성과도 간략히 언급하는 것이 좋다. 예를 들면 동아리 활동의 경우 '2010년 3월~2013년 12월/벤처투자동아리/OOO 투자경진대회 1위', 사회봉사 활동의 경우 '2009년 10월~2011년 8월/OOO 집짓기 운동/257회 집짓기 참여' 등의 형식으로 쓰고, 구체적인 내용과 성과는 자기소개서에 기술하도록 한다.

최근에는 국문이력서에 가족사항 항목이 없어지는 추세이다. 하지만 지원 기업 이력서에 가족사항을 기재하는 항목이 있다면 있는 그대로 작성한다. 지원 기업에서 가족사항을 보고 이 지원자는 반드시 채용해야겠다고 생각하는 경우는 있을 수 있으나, 가족사항을 보고 지원자를 부정적으로 평가하지는 않는다.

4 영문이력서 항목별 작성법

영문이력서는 커버레터Cover Letter와 레쥬메Resume를 통틀어 일컫는다. 영문이력서는 국문이력서와 달리 특정한 양식이나 서식이 없는 경우가 대부분이다. 정해진 규칙은 없지만 아래와 같은 보편적인 영문이력서 형식을 따르면 쉽게 작성할 수 있다.

+ 커버레터

외국계 기업 입사의 첫 관문은 커버레터다. 인사담당자는 레쥬메를 읽기 전에 커버레터를 먼저 읽는다. 커버레터를 읽은 후 레쥬메를 읽을지 말지, 면접을 할지 말지를 결정한다. 그러므로 레쥬메에 기재한 내용들 중 가장 매력적인 내용을 발췌하여 레쥬메와 중복되지 않는 표현으로 간결히 기술한다. 인사담당자는 커버레터에서 흥미와 진정성을 느껴야 레쥬메를 관심 있게 읽는다.

커버레터에는 지원 동기와 지원 분야가 포함되어야 하며, 자신이 왜 가장 적합한 사람인지, 기업에 어떻게 기여할 수 있는지 간단명료하게 작성한다. 국내 기업들은 대부분 공개 채용을 통해 신입사원을 선발한 후 일정 기간 연수

[그림 5-3] 커버레터 작성 예

Hong Gil-dong

100-101, ○○○ apt, ○○○○○-dong
○○○○○-gu, Seoul
010-XXX--XXXX
○○○○○@gmail.com

작성일

December 14, 2013

Lisa Pruett
Human Resource Manager
○○○ Korea
○○○○○ Center, ○○○,
○○○○-gu, Seoul

수신자 정보

본문

Dear Ms. Pruett,

Since ○○○ Korea is looking for passionate sales representatives as well as team players, I believe my high interests in sales and team experiences make me a strong candidate as a sales representative for ○○○ Korea.

I am going to graduate from ○○○○ University with a degree in business administration. My big interests in marketing and sales drove me to take various marketing classes which also related with sales. For example, in distribution management class, students had team assignments every week. It helped me to understand the importance of collaboration with colleagues and relationship between channels, sales representatives, and other stakeholders.

Another experience helped me to increase my interests and understanding in sales. From July to August, 2012, I participated in a project competition to find out customers' needs in ○○○○'s brand apparel. My team met more than 200 customers in 5 stores, researched customers' hidden needs and made a presentation about the result to the retail manager. It was tough, but also interesting to meet customers and salesmen in the field. Also, it helped me to understand customers, retail and sales.

I have enclosed my resume for your review. I hope to hear from you in the near future. If you need any additional information, please contact me at ○○○○ ○@gmail.com or phone 010–××××–××××. Thank you for your time and consideration.

Sincerely,

맺음말

Hong Gil-dong

서명

를 거쳐 실제 업무에 투입시키지만, 외국계 기업들은 그렇지 않다. 공개 채용보다 수시 채용을 선호하며 뽑자마자 바로 실무에 투입할 수 있는 적임자를 원한다. 그렇기 때문에 출신 학교보다 직무 적합성을 중요시한다. 따라서 직무와 관련한 경험과 능력을 명료하게 기술하여 자신이 '준비된 일꾼'임을 부각시켜야 한다.

인사담당자는 커버레터를 통해 영어 능력을 함께 평가한다. 단어 하나하나 신중하게 선택하여 프로페셔널한 느낌을 주어야 한다. 오자와 문법은 반드시 여러 번 체크한다. 영어 표현에 자신이 없다면 대학교나 외국계 기업에서 근무하는 원어민에게 검토를 부탁해보자. 커버레터의 분량은 한 페이지를 넘기지 않도록 한다.

• 개인정보

커버레터 첫 줄에 자신의 영문 성명을 기재한다. 국립국어원 로마자 표기법에 의하면, 영문 성명은 성Last Name과 이름First Name 순서로 띄어 쓴다. 예를 들어, '홍길동'이란 성명은 'Hong Gildong' 또는 'Hong Gil-dong'으로 표시한다. 성과 이름 사이에 쉼표는 붙이지 않아도 된다. 단, 여권의 영문 성명과 일치해야 한다.

성명을 커버레터 첫 줄에 기재한 후, 다음 줄에 주소, 연락처, 이메일 등 개인정보를 기재한다. 주소는 우리나라 주소 표기순서와 반대로 하면 된다.

• 작성일

일반적으로 월month, 일day, 년year 순으로 기재한다(예 : May 3, 2014).

• 수신자 정보

수신자의 성명을 아는 경우에는 첫 줄에 성명을 기재한다. 두 번째 줄에는 수신자의 직책title을, 세 번째 줄에 회사 이름을 기재한다. 그런 후 네 번째 줄에 회사 주소를 작성한다. 수신자 성명과 회사 이름을 기재할 때는 철자를 틀리지 않도록 특별히 주의한다.

● 본문

본문은 크게 세 부분으로 나뉜다. 첫 번째 문단은 지원하는 기업과 자신이 해당 부분에 적합한 인재라는 것을 간단히 명시한다. 두 번째 문단은 모집 분야를 어떻게 알고 지원했는지 지원 경로와 직무에 대한 관심, 해당 분야와 관련된 업적을 언급함으로써 인사담당자의 흥미를 끌도록 한다. 세 번째 문단은 커버레터의 핵심 문단으로 해당 업무와 관련해 자신이 가진 두세 가지의 차별화된 장점을 구체적인 사례를 들어 작성하도록 한다. 다만 레쥬메와 중복되는 표현은 삼가는 것이 좋다.

● 맺음말

다시 만나기를 바란다는 기대를 표현한다(예 : I'd love to meet with you to discuss the opportunity, I hope to hear from you in the near future). 자신의 휴대전화 번호와 이메일 주소를 다시 언급하고 감사의 표현을 잊지 않는다(예 : Thank you for your consideration and your time). 끝인사는 짧게 한다(예 : Sincerely, Best Regards, Cordially, Respectfully).

● 서명

서명한 후, 그 다음 줄에 자신의 성명을 쓴다.

+ 레쥬메

레쥬메는 국문이력서의 '경력', '특기사항', '과외활동'에 기재한 내용들과 자기소개서의 성장과정, 과외활동 내용들이 함축적으로 정리된 형태라고 볼 수 있다. 작성 분량은 커버레터와 마찬가지로 한 페이지가 적당하며, 아무리 쓸 내용이 많더라도 두 페이지를 넘기지 않도록 한다. 한 장 이상의 레쥬메는 첫 장 앞부분에 요약summary란을 두어, 인사담당자가 한눈에 이력사항을 볼 수 있도록 하는 것이 좋다. 레쥬메는 역逆 연대기chronicle순으로 작성하는 것이 무난하다. 글자 사이즈는 10~12포인트 정도가 적당하다.

• 개인정보

커버레터와 마찬가지로 첫 줄에 자신의 성명을 기재한다. 다음 줄에 주소, 연락처, 이메일 순으로 개인정보를 기재한다.

• 학력

학력은 개인정보 다음에 역 연대기순으로 기재한다. 학력은 학교명, 학위명, 전공, 학교 소재지, 졸업연도를 기재한다. 직무와 관련한 수강과목Relevant Courses이나 총 평점GPA, 수상경력(예 : Summa Cum Laude, Dean's List, Winner of OOO University case competition) 등을 추가로 기재하는 것도 도움이 된다.

학위명에 졸업예정자는 'Expected date of graduation'이라고 쓴다. 일반적으로 학사학위는 'Bachelor of 전공명(예 : 경영학사Bachelor of Business Administration)', 석사학위는 'Master of 전공명(예 : 문학석사Master of Arts)', 박사학위는 'Doctor of Philosophy in 전공명(예 : 교육학박사Doctor of Philosophy in Education)'으로 쓴다. 학위 취득 예정자는 'Candidate'라고 쓴다.

[그림 5-4] 레쥬메 작성 예

Hong Gil-dong

5-215, OOO apt, OOOOOOO-ro,
OOOOOOO-gu, Seoul, 150-XXX, Korea
Cell Phone : +82-10-XXXX-XXXX
E-mail : OOOOOO@gmail.com

개인정보

EDUCATION 학력

Graduate School, OOO University
Master of Science in Business Administration (GPA : 4.15/4.50)

Seoul, Korea
Mar 2012 – Feb 2014

- Major : Management.
- Thesis : The effects of Network-Building Human Resource Management.

OOO University
Bachelor of Business Administration (GPA : 4.26/4.50)

Seoul, Korea
Mar 2008 – Feb 2012

- Dean's List, 2008 – 2011.
- Recipient of the OOOO Scholarship for four years.

WORK EXPERIENCE 경력

OOOO Inc.
Internship, Strategy and planning department

Seoul, Korea
Jun 2011 – Aug 2011

- Participated in the globalization project of the OOOO.
- Assisted in collecting survey data for inter-industry relation table.

OOOO Corporation
Internship, Human resource development team

Seoul, Korea
Jul 2010 – Aug 2010

- Researched 90 best practice training and developing in 15 companies.
- Interpreted employee survey result.

ADDITIONAL INFORMATION 기타사항

- Activities : President of Business Club at OOO University; Volunteered to clean up rooms and donated monthly to the OOO Community Welfare Center.
- Languages : English(Fluent), Chinese Mandarin(Conversational).
- Interests : Hiking, Running, Swimming and Basketball.

• 경력

경력은 학력 다음에 기재하는 것이 일반적이지만, 경력자인 경우 학력 위에 경력을 기재하는 것이 좋다. 경력은 학력과 마찬가지로 역 연대기순으로 작성한다. 많은 외국계 기업들이 학력보다는 경력을 중요시한다. 업무에 바로 투입할 수 있는 인력을 원하기 때문이다.

경력은 직장명, 직장 소재지, 직책(직급), 부서, 근무기간, 담당업무를 기재한다. 특히 담당업무는 성과를 중심으로 구체적이면서도 간결하게 기술하는 것이 효과적이다. 정식으로 직장을 다닌 경력이 없는 졸업예정자라면, 대학시절 직무와 관련한 인턴 경험을 구체적으로 작성한다. 직장명이나 직책 등 강조하고 싶은 부분은 굵은 활자체bold를 사용해 인사담당자가 쉽게 알아볼 수 있도록 한다.

• 기타사항

기타사항은 경력 다음에 기재한다. 일반적으로 가장 마지막에 작성하는 부분으로 앞의 학력과 경력에서 언급되지 않은 사회활동Activities, 구사언어 Languages, 관심사Interests 등을 기재한다. 특히 사회활동은 외국계 기업에서 경력 못지않게 중요시 여기는 부분이므로 직무와 관련한 사회활동을 기재하면 좋은 인상을 줄 수 있다. 대표적인 사회활동은 동아리(클럽) 활동, 자원봉사 활동, 종교 활동이다.

5 사진은 이력서를 다시 보게 만든다

+ 이력서 사진의 중요성

서류 전형에서 당락을 결정하는 요소 중 하나가 사진이다. 짧은 시간에 지원자를 평가해야 하는 인사담당자는 이력서의 건조한 글자에서 느껴지는 이성적 판단보다 한 장의 사진에서 느껴지는 감성적 판단을 우선시하기도 한다. 아무래도 신뢰감을 주고 호감 가는 인상에 눈길이 한 번 더 가고, 그로 인해 이력서를 한 번 더 보기 마련이다. 취업을 위해 외모까지 바꿀 필요는 없지만 좋은 이미지를 연출하기 위해 이력서 사진에 공을 들이는 것은 필요하다. 인사담당자는 이력서 사진을 통해 지원자의 입사를 위한 노력과 준비성, 마음가짐을 평가할 수도 있다. 바쁘다고 오래전 찍어뒀던 증명사진을 그대로 쓰면 안 된다.

+ 이력서 사진 찍는 법

일반적으로 이력서에 붙이거나 온라인으로 업로드하는 사진은 머리부터 가슴까지 나오는 상반신의 반명함판(3x4㎝) 크기다. 얼굴만 사진에 나타나는

살며시 웃는
자연스러운 미소!
사진 촬영 전
30분만 연습하자!

것이 아니기 때문에 반드시 감색 또는 짙은 회색계열의 정장을 입고 촬영하도록 한다. 셔츠나 블라우스는 흰색 또는 푸른색이 무난하다. 남성의 경우 넥타이는 삐뚤어지지 않게 빈틈 없이 매도록 한다. 넥타이는 화려한 색상보다 셔츠와 조화를 이룰 수 있는 파스텔 계열이 부드럽고 전문적인 인상을 준다. 헤어스타일은 남성의 경우 약간 짧은 스타일이 좋고, 여성은 단발머리나 뒷머리카락이 보이지 않도록 단정하게 올려 묶는 것이 좋다.

표정은 살며시 웃는 자연스러운 미소가 자신감 있어 보인다. 평소에 이런 표정을 짓지 않아 어색하다면 사진 촬영 전 거울을 보고 30분 정도 연습하면 이와 비슷한 표정이 나올 수 있다. 그러나 밝은 표정을 짓기 위해 입을 크게 벌려 아랫니와 잇몸이 보이는 것은 좋지 않다. 사진 촬영 시 어깨를 편 바른 자세로 턱을 당기고 시선은 정면을 향하도록 한다. 또한 사진 촬영 전 눈매와 목선 위주로 메이크업을 하면 음영처리로 인해 얼굴에 입체감이 살아나면서 자신감 있는 모습을 연출할 수 있다.

하지만 과도한 메이크업과 리터치(포토샵) 작업은 취업에 마이너스가 될 수 있다. 면접을 볼 때 지원자가 이력서 사진과 너무 달라 면접관이 못 알아본다든가 이력서 사진을 보고 기대했는데 실물을 본 후 실망하게 된다면, 그런 지원자는 남을 잘 속이는 '변장'과 '위장'에 능란한 사람처럼 보일 수 있다.

Chapter

6

기업분석과 연계한
자기소개서

1 기업분석으로 인사담당자를 감동시키라

이력서가 인사담당자와의 공식적인 첫 만남이라면 자기소개서는 그 만남을 지속시킬 수 있는 매개체라 할 수 있다. 자기소개서를 통해 조직 적합성과 역량 적합성을 구체적으로 드러냄으로써 기업이 원하는 준비된 인재임을 각인시킬 수 있다. 인사담당자는 자기소개서를 통해 지원자가 우리 기업의 조직문화와 얼마나 잘 맞는지, 일을 시켰을 때 어떤 역량을 가지고 얼마나 성과를 낼 수 있는지를 파악하고 싶어 한다.

앞서 이 책의 2, 3, 4장에서는 기업을 분석하는 총제적인 방법에 대해 살펴보았다. 조직 적합성은 기업의 경영이념, 핵심가치, 인재상, 행동양식을 다룬 2장의 조직문화 분석과 밀접하게 연계되어 있으며, 역량 적합성은 2장의 조직문화 분석뿐만 아니라, 3장의 경영환경 분석 및 4장의 요구역량 분석과 긴밀하게 연계되어 있다. 따라서 이 책의 실습템플릿을 통해 지원 기업에 대한 세세한 기업 분석이 끝났다면 조직 적합성과 역량 적합성을 증명할 수 있는 준비가 반 이상 된 것이나 다름없다.

[그림 6-1]에서 2장 조직문화 분석을 통해 조직문화 유형을 '네트워크형 문

[그림 6-1] 기업분석을 통한 자기소개서 작성 예

〈2장 조직문화 분석〉

[실습템플릿 2-2] 지원 기업 조직문화 분석표

입사를 희망하는 기업의 조직문화 구성 요소들(경영이념, 핵심가치, 인재상, 행동양식)을 파악한 후 조직문화 유형을 도출해보자.

조직문화 구성 요소별 내용 파악 → 조직문화 유형 파악

구성 요소	주요 내용
경영이념	~
핵심가치	~
인재상	~
행동양식	~

조직문화 유형
네트워크형 문화 ·신뢰 : ~ ·관계증진 : ~ ①

〈3장 경영환경 분석〉

[실습템플릿 3-6] 지원 기업 스왓 분석표

스왓 분석방법으로 입사를 희망하는 기업의 전략방향을 수립해보자.

외부환경 \ 내부역량	내부역량	강 점	약 점
		~	~
기회	~	교육기부 활성화	~
위협	~	스마트 교육 강화 ②	~

〈4장 요구역량 분석〉

[실습템플릿 4-1] 지원 기업 요구역량

입사를 희망하는 기업에서 요구하는 공통 역량, 직무 역량, 리더십 역량의 이름과 내용을 찾아 작성해보자.

역량그룹	역량명	내용
공통 역량	개방성	~
직무 역량	교육기획력	~
리더십 역량	봉사정신 ③	~

① 조직문화 자기소개서 연계
② 경영환경 자기소개서 연계
③ 요구역량 자기소개서 연계

기업분석 연계

〈6장 기업분석과 연계한 자기소개서〉

[실습템플릿 6-2] 입사 후 포부 작성표

입사를 희망하는 기업의 조직문화와 요구역량을 파악한 후,
작성포인트(비전, 업무목표, 추진활동)에 맞춰 핵심사항을 도출하고 입사 후 포부 항목을 작성한다.

조직문화 : 네트워크형 문화 ①	요구역량 : 개방성(공통), 교육기획력(직무), 봉사정신(리더십) ③	
작성포인트	핵심사항	입사 후 포부
비 전	·통일 후 북한의 주민들에게 다양한 교육 프로그램을 제공하는 '북한 교육통'	통일 후 북한 주민들에게 다양한 교육 프로그램을 제공해주는 '북한 교육통'이 되는 것이 저의 비전입니다. Bridge가 되자는 삶의 신념 하에서 양질의 교육 콘텐츠를 가진 사람과 그 콘텐츠를 필요로 하는 사람들을 연결하는 고리가 되고자 합니다. 미국의 ASTD와 같은 행사를 북한에서 (10년 후에는 통일이 될 것이라고 생각합니다) 개최하여 정보와 교육에 소외되었던 북한 주민들에게 가슴 뛰는 일을 만들어주고 싶습니다. 특별히 북한의 아이들과 여성들에게 통일 후 살아갈 수 있는 교육 프로그램을 제공하여 그들이 배움의 기쁨을 느낄 수 있도록 하겠습니다.
업무목표	·3년 후 : 스마트교육 전문가 ·5년 후 : 교육과정 개발 전문가 ②	이를 위해 다음의 세 가지 노력을 실천할 것입니다. 첫째, 3년 뒤 애플리케이션을 통한 교육 프로그램 기획력을 쌓아 온오프라인을 하나로 통합하는 스마트교육 전문가가 되겠습니다. 5년 뒤에는 교육과정 개발 전문가가 되겠습니다. 그러기 위해 지속적으로 미디어 트렌드를 읽는 훈련을 하겠습니다. 둘째, 지난 2년 동안 참여했던 북한 이탈주민 봉사활동을 지속하겠습니다. 남한과는 사고방식이 확연히 다른 북한의 주민들을 이해하는 데 봉사활동이 큰 도움이 됩니다. 셋째, 비즈니스로 만나는 모든 분들과 신뢰를 기반으로 네트워크를 쌓을 것입니다. 비즈니스 네트워크로 연결된 모든 분들이 10년 후에는 북한을 위해 도움을 주실 분들이라고 생각합니다.
추진활동	·**교육기획력** 미디어 트렌드를 읽는 훈련 ·**봉사정신** 북한 이탈주민 봉사활동 지속 ·**개방성** 비즈니스 네트워크 형성 ③	

화'로 도출했다고 하자. 이런 경우 우선 '네트워크형 문화'를 조직문화란에 기재한 후 이와 연관된 내용을 입사 후 포부 항목에 "Bridge가 되자는 신념 하에 양질의 교육 콘텐츠를 가진 사람과 그 콘텐츠를 필요로 하는 사람들을 연결하는 고리가 되고자 합니다"라고 작성함으로써 지원 기업의 조직문화를 자기소개서와 연계한다.

다음으로 3장 경영환경 분석을 통해 SO 전략을 '교육기부 활성화'로, ST 전략을 '스마트교육 강화'로 수립했다면, 작성포인트(비전, 업무목표)에 맞춰 '교육기부 활성화' 전략은 통일 후 북한 주민들에게 다양한 프로그램을 제공하는 '북한 교육통'이라는 비전으로 녹이고, '스마트교육 강화' 전략은 3년 후 스마트교육 전문가가 되겠다는 업무목표로 연계한다. 이렇게 지원 기업의 경영환경을 핵심사항에서 구현되도록 한 후에는 관련 내용을 입사 후 포부 항목에 보다 구체적으로 기술한다.

마지막으로 4장 요구역량 분석을 통해 공통 역량을 '개방성'으로, 직무 역량을 '교육기획력'으로, 리더십 역량을 '봉사정신'으로 파악했다면, 요구역량란에 기재한 '개방성', '교육기획력', '봉사정신'을 작성포인트(추진활동)에 맞춰 핵심사항과 연계한다. 즉 '교육기획력'은 미디어트렌드를 읽는 훈련으로, '봉사정신'은 북한 이탈주민에 대한 지속적인 봉사활동으로, '개방성'은 신뢰를 통한 비즈니스 네트워크 형성이란 추진활동으로 연계하는 것이다. 이렇게 지원 기업의 요구역량을 핵심사항에서 구현되도록 한 후에는 관련 내용을 입사 후 포부 항목에 보다 자세히 서술한다.

이제는 기업분석의 토대 위에 자신의 경험과 지식을 녹여 인사담당자를 감동시킬 자기소개서를 작성할 차례다.

2 자기소개서 필승 전략, 면접에서 만나고 싶게끔 쓰라

+ 인사담당자와 통하라

산고를 겪으며 탄생한 자기소개서라도 인사담당자와 통(通)하지 않으면 가차 없이 버려진다. 실제로 인사담당자들이 끝까지 읽는 자기소개서는 70% 정도 밖에 되지 않는다. 자신만의 영역에 고립되어 '갈라파고스화'된 자기소개서에는 인사담당자가 알고 싶은 이야기가 없기 때문이다.

인사담당자가 자기소개서를 읽고 자신을 만나보고 싶게끔 만들어야 서류 전형을 통과한다. 제한된 분량의 자기소개서에 지금껏 경험한 모든 일들을 담을 수 없다. 그렇다면 내가 하고 싶은 이야기가 아닌, 인사담당자가 듣고 싶어 하는 이야기를 매력적으로 써야 한다. 인사담당자가 듣고 싶은 이야기는 무엇일까? 이것을 알고 자기소개서를 쓰는 것이 인사담당자와 통하는 지름길이다.

+ 이미지가 연상되도록 작성하라

자기소개서는 각 항목들을 취합했을 때 또렷한 이미지(예 : 인사전문가, 경제분석가)가 연상되는 것이 좋다. 지원 동기, 입사 후 포부, 성장과정, 장점과 단점, 과외활동, 성취와 실패, 생활신조의 항목들이 하나의 이미지나 주제를 향해 유기적으로 연결되도록 작성하는 것이다.

부분최적화를 지양하고 전체최적화를 지향해야 이미지가 만들어진다. 이는 다섯 가지 색상의 동그라미를 고리로 엮은 오륜기에 비유할 수 있다. 오륜기의 다섯 개 고리는 각자의 색상을 드러내지만 서로 연결되어 하나의 올림픽 이미지를 형성한다. 이미지가 연상되는 자기소개서를 작성하려면 우선 어떤 이미지를 표현할지 결정해야 한다. 그런 다음 각 항목들의 연결 고리를 찾아 치밀하게 엮는다. 자기소개서의 가장 좋은 연결 고리는 물론 조직 적합성과 역량 적합성이다.

[그림 6-2] 이미지 연상 자기소개서

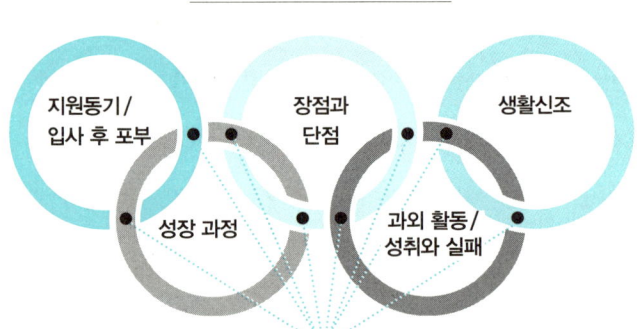

+ 정직하게 작성하라

자기소개서를 쓸 때는 잘 보이고 싶은 유혹에 빠지지 말고 솔직해져야 한다. 다소 투박해도 정직한 글이 읽는 이에게 감동을 준다. 인사담당자는 자기소개서의 과외활동이나 성취 경험이 약간 부풀려진 것은 어느 정도 애교로 봐 준다. 하지만 자신의 스토리가 아닌 다른 사람의 이야기를 마치 자기 것인 양 가져와 쓰는 것은 절대 용납하지 않는다. 인터넷에 떠도는 문장들을 짜깁기해 쓰는 것은 어리석은 행동이다. '설마 베낀 걸 알겠어?'라고 생각하면 큰 오산이다. 경험하지 않은 일을 만들어내지 말고 실제 경험한 일을 흥미롭게 쓰자. 설령 남들에게 내세울 만한 경력과 경험, 특기가 없다 하더라도 하루하루 최선을 다한 삶 속에는 '성실성'이라든가 '대인관계능력'과 같이 인사담당자가 중요하게 여기는 역량들이 숨어 있는 경우가 많다.

또한 이력서에 쓴 내용과 상반된 내용을 자기소개서에 쓰면 정직하지 못한 사람으로 찍힌다. 자기소개서를 작성한 후에는 반드시 이력서에 쓴 내용과 비교해보자.

+ 경험을 재해석하고 편집하라

자기소개서를 거짓으로 작성하거나 창작해서는 안 된다. 하지만 지금껏 살면서 겪었던 크고 작은 경험들을 인사담당자의 관점에서 재해석하고 새롭게 의미를 부여하는 편집 과정은 필요하다. 또한 스펙을 단순히 나열하기보다 하나의 완성된 스토리 속에 스펙을 촘촘히 연계시키는 과정이 필요하다. 이러한 재구성의 과정을 거쳐 조직 적합성과 역량 적합성을 높일 때 인사담당자의 시선을 사로잡을 수 있다.

사실 인사담당자들도 지원자들이 자기소개서에서 과거의 경험들을 재구성하는 것을 잘 안다. 알면서도 묵인하는 것은 그러한 고민의 흔적을 부정적으로 보지 않기 때문이다. 객관적인 사실을 왜곡시키지 않는 한도 내에서 경험을 다양한 각도로 해석하고 재배치하는 것은 취업의 문을 뚫기 위한 '통과의례'이다.

기업이 요구하는 인재상이나 요구역량에 부합하는 경험과 그런 경험을 쌓게 된 계기 등을 다양한 스펙으로부터 뽑아서 자기소개서에 담아야 좋은 평가를 받을 수 있다는 것을 명심하자.

+ 논리적으로 작성하라

논리적으로 써야 한다. 인사담당자의 흥미를 끄는 독특한 에피소드를 쓴다 하더라도, 결론이 무엇인지 명확하지 않고 각 문장들이 논리적으로 연결되지 않으면 좋은 평가를 받을 수 없다.

자기소개서를 작성한 후 반복해서 읽어보자. 본인이 납득되지 않으면 인사담당자를 설득할 수 없다. 인사담당자는 자기소개서의 내용만 보는 것이 아니다. 자기소개서의 문장을 통해 지원자가 얼마나 논리적인 사고를 할 수 있는 사람인지를 평가한다. 예를 들어 지원 동기 항목에서 '제가 귀사에 지원하게 된 동기는 무엇무엇 때문입니다'라고 기술했다면 그에 대한 논리적 근거를 제시해야 한다.

자기소개서에 쓴 글이 논리적인지 아닌지를 판단하려면 '그래서 무엇을?So What?', '왜 그런데?Why So?'라는 질문을 반복해보면 된다. 만약 '그래서 무엇을?' 또는 '왜 그런데?'에 대해 명확히 답할 수 없다면, 그 문장은 빼버리는 것이 오히려 낫다.

+ 두괄식으로 작성하되 유연성을 보이라

핵심 내용이 문단의 첫 번째 문장으로 오는 두괄식으로 작성한다. 결론을 첫 문장에 쓰고 뒷받침하는 구체적인 사례나 논리적인 근거를 다음 문장에 이어서 쓰는 것이 가장 무난하다. 이렇게 두괄식으로 문장을 작성하면 전체 의미를 한눈에 파악하기 쉽고 한 호흡에 읽을 수 있기 때문에 글이 정갈하게 느껴진다. 또한 수백 개의 자기소개서를 짧은 시간 내에 읽어야 하는 인사담당자 입장에서도 두괄식 형태의 문장이 편안하게 읽힌다.

실제로 기업에서는 대부분의 문서를 두괄식으로 작성한다. 물론 자기소개서의 모든 항목을 반드시 두괄식으로 작성해야 하는 것은 아니다. 전체 흐름과 상관없이 천편일률적으로 모든 항목마다 신문의 헤드라인 뽑듯이 주제 문장을 뽑고 그에 맞춰 내용을 작성하다 보면, 뭔가 몸에 맞지 않는 옷을 입은 듯한 어색한 느낌을 줄 수도 있다. 때문에 내용에 따라 문장구성을 새롭게 하는 유연성을 보이는 것도 좋다.

+ 간단명료하게 작성하라

인간은 본래 복잡한 것을 싫어한다. 인사담당자도 깔끔하게 정제된 글을 선호한다. 미사여구를 남발하거나 같은 내용을 표현만 달리해서 반복하면 문장이 산만해질 뿐이다. 의미가 잘 전달될 수 있도록 짧고 강렬하게 작성하자. 꼭 필요한 문장이 아니면 과감히 버리자. 그리고 가능하면 한 문장에 하나의 의미만 담자. 인사담당자는 지원자가 자신의 생각을 얼마나 잘 정리해서 표현했는지 자기소개서를 통해 평가한다. 직장생활의 기본은 문서 작업이다. 기업은 자신의 생각을 함축적으로 표현하지 못하는 사람을 선호하지 않는다.

또한 "귀사에 입사하게 된다면 최선을 다해 열심히 일하겠습니다"와 같이 영혼 없는 말과 "당신이 헛되이 보낸 오늘은 어제 죽은 사람이 그토록 바라던 내일입니다"와 같이 식상한 명언은 피하도록 한다. 진부한 표현은 차라리 쓰지 않는 편이 낫다.

+ 숫자를 활용하라

채용 시기가 되면 인사담당자는 수백 명에서 많게는 수만 명의 자기소개서를 검토한다. 면접관 또한 수백 명의 지원자를 면접한다. 이런 상황에서 인사담당자에게 자신을 각인시킬 수 있는 효과적인 방법은 숫자를 활용하는 것이다. 예를 들어, '대학 4년 동안 읽은 책 200권', '5년간 아침 5시에 신문배달', '10가지 아르바이트로 4년 동안 2,000만 원 저축', '2년간 40개국 여행, P산업 분야 신규사업 아이템 100개 분석', '직·간접으로 경험한 리더 100명의 강점 분석'과 같이 숫자를 활용하는 것이다. 특히 누가 보더라도 의미가 있는 숫자라면 인사담당자는 지원자의 이름보다 해당 숫자를 기억하게 될 것이다. 자기소개서에 숫자를 적극 활용해보자. 인사담당자는 자기소개서에 담긴 숫자를 보고 면접에서 직접 확인하고 싶은 욕구를 느낄 것이다.

+ 시간 여유를 갖고 작성하라

시간에 쫓기면 마음이 급해져서 자기소개서를 제대로 쓸 수가 없다. 의외로 많은 지원자들이 서류 제출 마감시간에 쫓겨 기존에 쓴 자기소개서를 회사 이름만 바꿔 여러 군데 제출한다. 그러다 보니 제대로 검토를 못해 다른 회사 이름을 그대로 써 내는 경우가 있다. 앞서 말했듯이 지원 기업의 이름을 틀리게 쓰면 당연히 불합격이다. 또한 자기소개서의 내용이 아무리 훌륭해도 오자가 발견되는 순간 인사담당자의 눈살은 찌푸려진다. 기업이 요구한 작성 분량을 채우지 못하는 경우도 대부분 시간에 쫓기기 때문이다. 시간 여유를 두고 자기소개서를 작성하면 문법적 오류와 분량 미달은 사전에 방지할 수 있다.

또한 가능하면 자기소개서를 제출하기 전 가족이나 친구, 직장에 다니는 선배한테 검토를 부탁해보자. 자신이 미처 발견하지 못한 오자를 찾아낼 수도 있고, 당락에 영향을 미치는 건설적인 의견을 줄 수도 있다.

무엇보다 시간적 여유를 갖고 작성하려면 되는대로 많은 기업에 지원하는 것은 바람직하지 않다. 이력서와 자기소개서를 뿌리고 면접에 쫓아다니다 보면 여유를 가지려야 가질 수가 없다. 결국 기존에 작성한 자기소개서의 내용을 '복사해서 붙이는copy & paste' 땜질만 하게 된다. 이렇게 하면 기업이 지원자에게 요구하는 것이 무엇인지도 모른 채 자신이 하고 싶은 얘기만 늘어놓는 꼴이 된다. 한 곳에만 지원하더라도 기업의 렌즈로 자신을 들여다보고 기업이 원하는 자질과 역량을 부각시킬 때 취업에 성공할 확률이 높아진다는 사실을 명심하자.

3 지원 동기 차별화 전략

+ 관심과 간절함을 표현하라

인사담당자는 지원 동기 항목을 통해 기업에 대한 지원자의 애정과 관심, 입사를 향한 간절한 마음을 알고 싶어 한다. 이러한 관심과 간절함은 '귀사에 꼭 입사하고 싶습니다' 또는 '귀사의 제품과 서비스에 큰 관심을 갖고 있습니다'와 같은 불명확한 목표와 추상적인 의지로는 전달되지 않는다. 상대방을 알기 위해 투자한 시간과 노력, 열정과 열의를 통해 표현되는 것이다.

앞서 우리는 기업의 조직문화와 경영환경, 요구역량을 분석하는 여러 가지 방법들을 알아보았다. 왜 이렇게까지 기업을 분석해야 하나? 이러한 분석 과정이 바로 입사를 위한 자신의 간절함을 가장 강렬하게 보여주는 징표이기 때문이다. 기업분석을 통해 획득한 정보와 이해를 토대로 지원 동기에 자신의 관심과 열정을 깊숙이 담아보자. 이를 통해 자신의 간절함을 진정성 있게 전달할 수 있을 것이다.

[실습템플릿 6-1] 지원 동기 작성표

입사를 희망하는 기업의 조직문화와 요구역량을 파악한 후, 작성포인트(조직과 직무에 대한 관심, 입사를 위한 노력 과정, 기업에 대한 기여)에 맞춰 핵심사항을 도출하고 지원 동기 항목을 작성한다.

조직문화 :		요구역량 :	
작성포인트	핵심사항	지원동기	
조직과 직무에 대한 관심			
입사를 위한 노력 과정			
기업에 대한 기여			

+ 자신의 쓰임새를 강조하라

인사담당자는 지원자가 기업에 어떤 기여를 할 수 있는지 알고 싶어 한다. 기업은 학교가 아니다. 사람을 가르치려고 뽑는 것이 아니라 쓰려고 뽑는 것이다. 아마 모든 인사담당자들은 지원자에게 이렇게 묻고 싶을 것이다. "우리가 당신을 뽑아야 하는 이유를 세 가지만 말해보세요. 그러면 당신을 뽑겠습니다."

왜 기업이 자신을 뽑아야 하는지, 자신이 앞으로 어떻게 기업에 기여할 수 있는지 설득력 있게 기술하자. 아무런 근거도 없이 "뽑아만 주시면 무슨 일이든 열심히 하겠습니다" 또는 "최선의 노력을 다하겠습니다"라고 말하는 것은 "제가 어떻게 기여를 할 수 있는지 저도 잘 모릅니다"라고 자백하는 것과 같다. 추상적인 표현보다 실제 사례로 기업에 기여할 수 있는 방법을 설명하는 것이 좋다. 그리고 지원 동기를 작성한 후에는 인사담당자의 입장에서 다시 한 번 읽어보자. 읽어본 후 면접에서 만나고 싶은 마음이 들지 않는다면 잘못 작성한 것이다.

[지원 동기 작성사례 1]

조직문화 : 시장친화 문화		요구역량 : 고객지향(공통), 인사관리지식(직무), 분석적 사고(직무)
작성포인트	**핵심사항**	**지원동기**
조직과 직무에 대한 관심	• H기업 문화에 대한 관심과 신뢰 • H기업 인사제도에 대한 관심 • 유통사업에 대한 관심 • H기업 인사관리 직무에 대한 관심	대학원에서 전략적 인적자원관리를 전공했습니다. 주요 관심 분야는 직원들과의 상호 호혜적 관계를 통해 기업의 성과를 제고하는 '헌신형 인적자원관리'였습니다. 석사학위 논문을 작성할 때 국내 기업들의 인사시스템을 분석하면서, H기업이 직원들의 헌신을 이끌어내는 인사정책을 실현하는 것을 알게 되었습니다. 그래서 H기업 인사시스템에 관심을 갖고, H기업의 인사철학과 인사정책, 인사제도를 심도 있게 분석했습니다. 특히 H기업이 높은 고객만족도와 재무적 성과를 창출하고 있는 것은 혁신적인 고객감동 서비스를 이끌어내는 직원들의 노력과 직원들을 동기부여하는 인사시스템이라는 사실을 발견하게 됐습니다.
입사를 위한 노력 과정	▶ **인사관리지식** 대학원에서 인사관리 전공 ▶ **분석적 사고** H기업 인사제도 사례 분석	따라서 다음의 세 가지 이유에서 H기업 인사관리 직무에 지원합니다. 첫 번째는 H기업의 조직문화에 대한 관심과 신뢰입니다. 고객에게 사랑 받는 기업을 지향하는 H기업의 조직문화 속에서 일하고 싶습니다. 두 번째는 유통 사업에 대한 관심입니다. 상품을 유통하는 단계에서 요구되는 다양한 인력과 다양한 업체들과의 파트너 관계는 인사 전공자로서 도전하고 싶은 분야입니다. 세 번째는 인사관리 직무에 대한 관심입니다. 인사전문가의 꿈을 가진 저는 경영학을 전공하며 쌓은 광범위한 지식, 특히 인사 분야의 전문적 지식을 통해 H기업의 인적자원관리 시스템을 고도화하는 데 기여하고자 합니다. 또한 외부 고객뿐 아니라 내부 고객인 직원들의 만족도를 높이는 데 힘이 되고자 합니다.
기업에 대한 기여	▶ **인사관리지식** 인적자원관리 시스템 고도화에 기여 ▶ **고객지향** 내부 고객인 직원들의 만족도 제고에 기여	

[지원 동기 작성사례 2]

조직문화 : 혁신지향 문화		요구역량 : 국제적 감각(공통), 적극성(공통), 마케팅 기획력(직무)
작성포인트	핵심사항	지원동기
조직과 직무에 대한 관심	• K기업이 주관한 Private Brand 개발 프로젝트를 통해 기업에 대한 관심이 높아짐 • K기업 현직 매니저들과의 만남을 통해 마케팅 기획 직무에 대한 관심이 높아짐	2011년 7월 학교 브랜드마케팅 동아리 구성원들과 함께 K기업이 주관한 'Private Brand 개발' 프로젝트에 참여했습니다. 고객을 직접 만나 인터뷰하고 수도권에 위치한 판매점들을 방문하면서 K기업의 제품에 대한 시장의 반응을 확인할 수 있었습니다. 특히 PB 개발에 필요한 소비자행동분석 작업을 하면서 K기업에 대한 관심과 애정이 커졌습니다.
입사를 위한 노력 과정	• **마케팅 기획력** Private Brand 개발 프로젝트 참여 • **적극성** 교환학생, 봉사활동, 어학연수 • **국제적 감각** 글로벌 마인드와 외국어 역량 함양	또한 'Private Brand 개발' 프로젝트를 수행하면서 만난 K기업 매니저분들을 통해 K기업에서 마케팅 기획 업무를 실현하고 싶다는 강렬한 꿈을 갖게 됐습니다. 프로젝트 발표 때 피드백을 주셨던 매니저님, 마케팅 전략을 강의해주셨던 매니저님의 모습을 보면서, K기업의 마케팅 전문가분들과 함께 일한다면, 저 또한 K기업에서 마케팅 기획 전문가로 성장할 수 있다는 확신을 갖게 되었습니다.
기업에 대한 기여	• **마케팅 기획력** 해외 마케팅 전략 수립 및 실행	또한 전 세계를 무대로 한 K기업의 마케팅 전략도 큰 매력으로 다가왔습니다. 저는 지난 4년 동안 독일에서 교환학생으로 공부하고 카자흐스탄에서 해외봉사를 했으며, 미국에서 어학연수를 통해 글로벌 마인드와 외국어 역량을 키워왔습니다. 이러한 저의 경험과 역량이 K기업의 해외마케팅 전략을 수립하고 실행하는 데 기여할 수 있을 것이라 생각합니다.

[지원 동기 작성사례 3]

조직문화 : 위계지향 문화		요구역량 : 금융 리스크관리 지식(직무), 분석적 사고(직무)
작성포인트	핵심사항	지원동기
조직과 직무에 대한 관심	•금융 리스크관리 업무에 대한 관심 •금융회사에 대한 관심	금융은 국가 경제의 대동맥이라고 생각합니다. 제조업이 발전하기 위해서는 그 발전을 지원하기 위한 금융 산업의 발달이 전제되어야 한다고 생각하기 때문입니다. 이것이 제가 금융업에 종사하고 싶은 이유입니다. 금융 분야에서도 특히 리스크관리 분야에서 일하고 싶습니다. 금융의 가장 기본이 되는 업무가 리스크관리 업무라고 생각하기 때문입니다. 지난 1997년 IMF 사태에서도 볼 수 있듯이 그동안 국내 금융회사들은 리스크관리의 중요성을 크게 강조하지 않았습니다. 그로 인해 금융 리스크관리 분야의 전문가는 현재 많이 부족한 상황입니다. 따라서 저는 국가 금융 발전에 기여할 수 있는 금융 리스크관리 전문가가 되고자 미국 GARP에서 주관하는 국제 자격증 FRM(Financial Risk Manager) 시험을 준비했습니다. 실무 경험 부족으로 인해 이해하기 힘든 부분도 있었지만, 6개월간 친구들과 스터디를 하면서 노력한 결과 합격할 수 있었습니다. 또한 대학원에서 논문을 쓰면서 SAS 프로그램을 사용하여 데이터를 분석하는 일에 능숙하게 됐습니다. 그리고 데이터에 기반한 유용한 정보를 창출하는 일에도 관심을 갖게 되었습니다.
입사를 위한 노력 과정	•**금융 리스크관리 지식** FRM 자격증 취득 •**분석적 사고** SAS 프로그램 활용 기술 습득	
기업에 대한 기여	•**금융 리스크관리 지식** 시스템적으로 리스크관리를 하는 제도를 만드는 데 기여	앞으로 저에게 A은행에서 일할 수 있는 기회가 주어진다면, 리스크관리 부서에서 사람이 아닌 시스템적으로 리스크관리를 할 수 있는 체계를 만들고 싶습니다. 한 사람의 일시적인 판단 오류로 개별 기업은 물론 국가 경제가 위험에 빠지는 일이 발생하지 않도록 시스템적으로 리스크관리를 하는 제도를 만드는 일에 기여하고 싶습니다. 또한 데이터 분석을 통해 유용한 경영정보를 창출하여 경영진이 올바른 의사결정을 내릴 수 있도록 돕는 일에 기여하고 싶습니다.

4 입사 후 포부 차별화 전략

+ 비전을 중심으로 작성하라

인사담당자는 지원자가 입사 후 어떤 업무를 하고 싶은지, 그 일을 통해 무엇을 성취하고 싶은지 궁금해한다. 또한 자신의 미래를 얼마나 구체적으로 설계하고 있는지, 꿈을 실현하기 위해 어떤 노력을 하고 있는지 알고 싶어 한다. 삶의 뚜렷한 방향과 목표, 강인한 의지와 실행력이 있는 사람이 직장에서도 업무를 잘 수행한다는 것을 알기 때문이다.

서류전형에서 번번이 탈락하는 지원자들의 자기소개서에는 공통점이 있다. 바로 인생의 비전과 관련 없는 포부를 추상적으로 작성한다는 점이다. 예를 들어, "철강 분야에서 귀사가 국내 1위가 되도록 최선의 노력을 다하겠습니다"라는 식으로 작성하는 경우다. 인사담당자는 이처럼 막연한 포부를 지닌 지원자를 뽑기 꺼려한다.

입사 후 포부는 비전을 중심으로 작성해야 한다. 그래야 인사담당자에게 익숙한 느낌을 줄 수 있다. 인사담당자뿐만 아니라 대다수의 직장인들이 매년 반복하는 업무가 있다. 기업의 비전을 달성하기 위해 각 부서별로 경영목

[그림 6-3] 비전 중심 미래설계

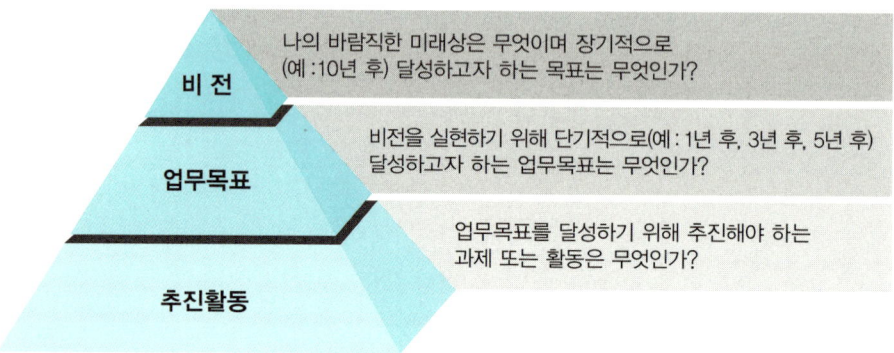

비 전 — 나의 바람직한 미래상은 무엇이며 장기적으로 (예 : 10년 후) 달성하고자 하는 목표는 무엇인가?

업무목표 — 비전을 실현하기 위해 단기적으로(예 : 1년 후, 3년 후, 5년 후) 달성하고자 하는 업무목표는 무엇인가?

추진활동 — 업무목표를 달성하기 위해 추진해야 하는 과제 또는 활동은 무엇인가?

표와 성과지표, 실행과제를 도출하는 것이다. 기업마다 차이는 있지만 차기년도 경영계획을 수립하는 시즌이 되면 직원들은 몇날 며칠을 밤샘 작업하여 경영목표를 세우고 성과지표Key Performance Indicator,KPI를 도출한다. 조직의 비전을 실현하기 위해 엄청난 분량의 데이터와 씨름하는 것이다. 이런 업무가 일상화된 직장인들에게 두루뭉술하게 작성한 입사 후 포부는 성의가 없어 보일 수밖에 없다.

반면 비전과 연계하여 입사 후 포부를 구체적이면서도 명확하게 작성한 자기소개서를 보면, 지원자의 성장가능성뿐만 아니라 직장인으로서 동질감마저 느낀다. 사람은 익숙한 것에서 편안함을 느끼고 낯선 것에서 불편함을 느낀다는 사실을 다시 한 번 기억하자.

+ 비전을 기업과 연관 지으라

인사담당자는 지원자가 왜 하고많은 기업들 중에서 우리 기업에 입사하고 싶은지 그 이유를 알고 싶어 한다. 이에 대한 가장 확실한 답은 지원자의 비전이 지원 기업과 맞닿아 있다는 점을 강조하는 것이다. 지원 기업에 입사해야만 자신의 비전이 실현됨을 기업에서의 향후 직무수행과 연관 지어 설명할 때 인사담당자를 납득시킬 수 있다. 때문에 입사 후 포부를 작성할 때에는 자신의 비전과 비전을 달성하기 위한 업무목표, 업무목표를 달성하기 위해 추진할 활동들을 구체적으로 작성해야 한다.

여기서 비전은 도전적이지만 최선의 노력을 다하면 달성할 수 있는 실현가능한 목표여야 한다. 허황된 비전을 쓰면 자신의 능력과 비전에 대한 실질적인 고민이 부족한 것으로 비춰질 수 있음을 명심하자. 업무목표와 추진활동은 기간을 세분화하여 작성하도록 한다. 예를 들어 입사 후 1년, 3년, 5년 등으로 나눠 달성하고자 하는 목표와 해당 추진 활동을 작성하는 것이 좋다.

[실습템플릿 6-2] 입사 후 포부 작성표

입사를 희망하는 기업의 조직문화와 요구역량을 파악한 후,
작성포인트(비전, 업무목표, 추진활동)에 맞춰 핵심사항을 도출하고 입사 후 포부 항목을 작성한다.

조직문화 :		요구역량 :
작성포인트	핵심사항	입사 후 포부
비 전		
업무목표		
추진활동		

[입사 후 포부 작성사례 1]

조직문화 : 시장중심 문화		요구역량 : 고객지향(공통), 통합적 사고(직무), 제도기획력(직무)
작성포인트	핵심사항	입사 후 포부
비 전	• R상사의 인사관리를 유수 기업들이 벤치마킹 하는 수준으로 성숙시키는 인사전문가	저는 R상사의 인사관리를 유수 글로벌 기업들이 벤치마킹할 정도의 수준으로 성숙시키는 인사전문가가 되겠다는 비전을 가지고 있습니다. 이 꿈을 실현하기 위해 입사 후 1년 동안은 R상사의 문화와 내부 고객인 직원들의 특성을 파악하며 조직을 이해하도록 노력할 것입니다. 또한 화합적인 태도로 제가 소속된 부서에서 업무 수행을 돕고, 기본적인 업무를 배운 후에는 열정적으로 직접 업무 수행에 임할 것입니다. 그 후 3년 동안은 R상사의 비전을 실현하는 데 기여할 수 있도록 인적 자원 관리 역량을 키우겠습니다. 특히 R상사의 고객만족 역량이 직원만족 역량으로도 이어질 수 있도록 노력할 것입니다.
업무목표	• 1년 후 : 조직에 대한 이해 • 3년 후 : 인적 자원 관리 역량 키우기 • 7년 후 : 조직 내 인사관리의 문제들을 해결하기	중간관리자급이 되는 입사 7년차에는 인사관리 지식과 실무에서 경험한 노하우를 결합하여 조직 내 인사관리의 크고 작은 문제들을 해결해갈 것입니다. 인력 유동성을 위해 계약직원과 일반직원들 간의 차별화된 인사제도를 기획하면서도 협력을 이끌어낼 수 있는 보완제도들을 마련하고, 영업 인력, 마케팅 인력, 지원인력 등 다양한 인력 구성을 반영한 평가보상 방법을 개발하겠습니다.
추진활동	• **고객지향** 기업문화와 내부 고객인 직원들의 특성 파악 • **통합적 사고** 인사관리 지식과 실무경험 노하우 결합 • **제도기획력** 인력 유동성을 위한 차별적 인사제도 기획	이러한 노력을 통해 직원만족을 고객만족으로 실현하는 인사제도를 실현하고 안팎으로부터 사랑받는 기업을 만들고자 합니다.

[입사 후 포부 작성사례 2]

조직문화 : 네트워크형 문화		요구역량 : 개방성(공통), 교육기획력(직무), 봉사정신(리더십)
작성포인트	핵심사항	입사 후 포부
비 전	• 통일 후 북한 주민들에게 다양한 교육 프로그램을 제공하는 '북한 교육통'	통일 후 북한의 주민들에게 다양한 교육 프로그램을 제공해주는 '북한 교육통'이 되는 것이 저의 비전입니다. Bridge가 되자는 신념 하에서 양질의 교육 콘텐츠를 가진 사람과 그 콘텐츠를 필요로 하는 사람들을 연결하는 고리가 되고자 합니다. 미국의 ASTD와 같은 행사를 북한에서(10년 후에는 통일이 될 것이라고 생각합니다) 개최하여 정보와 교육에 소외되었던 북한 주민들에게 가슴 뛰는 일을 만들어주고 싶습니다. 특별히 북한의 아이들과 여성들에게 통일 후 살아갈 수 있는 교육 프로그램을 제공하여 그들이 배움의 기쁨을 느낄 수 있도록 하겠습니다.
업무목표	• 3년 후 : 스마트교육 전문가 • 5년 후 : 교육과정 개발 전문가	이를 위해 다음의 세 가지 노력을 실천할 것입니다. 첫째, 3년 뒤 애플리케이션을 통한 교육 프로그램 기획력을 쌓아 온오프라인을 하나로 통합하는 스마트교육 전문가가 되겠습니다. 5년 뒤에는 교육과정 개발 전문가가 되겠습니다. 그러기 위해 지속적으로 미디어 트렌드를 읽는 훈련을 하겠습니다. 둘째, 지난 2년 동안 참여했던 북한 이탈주민 봉사활동을 지속하겠습니다. 남한과는 사고방식이 확연히 다른 북한 주민들을 이해하는 데 봉사활동이 큰 도움이 됩니다. 셋째, 비즈니스로 만나는 모든 분들과 신뢰를 기반으로 네트워크를 쌓을 것입니다. 비즈니스 네트워크로 연결된 모든 분들이 10년 후에는 북한을 위해 도움을 주실 분들이라고 생각합니다.
추진활동	• **교육기획력** 미디어 트렌드를 읽는 훈련 • **봉사정신** 북한 이탈주민 봉사활동 지속 • **개방성** 비즈니스 네트워크 형성	

[입사 후 포부 작성사례 3]

조직문화 : 프로세스 중심 문화		요구역량 : 글로벌 역량(공통), 자료분석력(직무), 수리력(직무)
작성포인트	핵심사항	입사 후 포부
비 전	• 대한민국 국민경제 전문가	국내 최고의 조사연구기관인 L연구원의 경제분석 및 예측 노하우를 익히고 L연구원 정책 관련 업무를 수행함으로써, 대한민국 국민경제 전문가가 되는 것이 저의 비전입니다. 입사가 허락된다면 5년 동안 조사국에서 경제분석 보고서를 작성하면서 경제분석 파트에서 영향력 있는 경제분석가로 거듭날 것입니다. 그리고 입사 7년 뒤엔 국제무대에서 활동할 수 있는 역량을 갖추기 위해 어학공부를 병행하고 회계사 공부 경력을 살려 CFA를 취득할 것입니다. 10년 뒤에는 조사연구 역량과 자기계발 노력을 인정받아 해외 연구기구에 파견을 나가 그들의 노하우를 배우고 경제 외교관으로서 각 경제기구들과 관계를 공고히 하는 데에 이바지하고 싶습니다.
업무목표	• 5년 후 : 경제 분석가로 거듭남 • 7년 후 : 국제 무대에서 활동할 수 있는 역량 갖춤 • 10년 후 : 해외 연구기간 파견	
추진활동	• **자료분석력** 경제분석 보고서 작성 • **글로벌 역량** 외국어 학습 • **수리력** CFA 취득	

5 성장과정 차별화 전략

+ 성장환경의 영향을 조직문화와 연관 지으라

인사담당자는 성장과정 항목을 통해 가치관과 인생관, 성격 등을 평가한다. 현재의 '나'는 과거의 '나'가 집대성되어 만들어졌다. 때문에 성장과정을 보면 지원자가 현재 어떤 모습과 성향을 지니고 있는지 짐작할 수 있다. 물론 성장환경 자체가 평가에 영향을 미치는 것은 아니다. 성장환경이 지원자의 삶에 어떤 영향을 미쳤으며, 그러한 영향으로 형성된 가치관, 성격, 행동특성이 기업의 조직문화와 잘 맞는지가 주된 평가요소다. 왜냐하면 성장과정 가운데 형성된 개인의 특성은 입사 후 아무리 교육훈련을 한다고 해도 변화시키거나 계발할 수 있는 성질의 것이 아니기 때문이다.

따라서 인사담당자는 성장과정을 유심히 살펴봄으로써 조직 적합성을 판단한다. 성장환경과 그에 따라 형성된 개인적 성향이 해당 기업의 조직문화와 잘 맞는다는 것을 어필하는 것이 긍정적 평가를 받는 지름길임을 명심하자.

+ 성장환경의 결과를 요구역량과 연관 지으라

성장환경의 영향으로 형성된 가치관과 인생관, 성격 등이 어떤 행동의 변화와 결과를 낳았으며, 그러한 결과(역량과 성과)가 기업이 요구하는 역량에 얼마만큼 부합하는지를 보이는 것 또한 중요하다. 예컨대 입사하려는 기업에서 요구하는 핵심 역량이 팀워크라면, 형제가 많은 가정에서 성장하면서 형제들 간 의견대립을 해결하는 조정자 역할을 했고 이 과정에서 갈등관리 역량을 자연스레 갖추게 되었음을 강조하는 것이다. 인사담당자는 성장과정을 통해 지원자가 기업이 요구하는 역량을 얼마나 쌓았는지 평가한다. 역량 적합성이 성장과정의 핵심 평가요소임을 기억하자.

[실습템플릿 6-3] 성장과정 작성표
입사를 희망하는 기업의 조직문화와 요구역량을 파악한 후,
작성포인트(성장한 환경, 환경의 영향과 행동 변화, 행동 변화의 결과)에 맞춰 핵심사항을 도출하고 성장과정 항목을 작성한다.

조직문화 :		요구역량 :
작성포인트	핵심사항	성장과정
성장한 환경		
환경의 영향과 행동 변화		
행동 변화의 결과		

[성장과정 작성사례 1]

조직문화 : 진취 문화		요구역량 : 글로벌마인드(공통), 진취성(공통), 금융지식(직무)
작성포인트	핵심사항	성장과정
성장한 환경	• 교직에 몸담고 계신 부모님의 가르침	교직에 몸담고 계신 부모님께서는 항상 제게 현실에 안주하거나 얽매이지 말고 위대한 꿈을 가지라고 가르치셨습니다. 부모님 가르침 덕분에 주어진 것에 감사하면서도 지금보다 더 나은 저의 모습을 꿈꾸며 더 멀리 내다보는 습관을 갖게 되었습니다. 이를 토대로 금융전문가의 꿈을 안고 아시아 금융시장의 허브인 싱가포르에서 교환학생으로 공부하며, 선진 금융시장의 인프라를 체험했습니다. 또한 날마다 경제신문을 구독하며 국내외 금융 현안과 다양한 금융상품에 대한 이해를 심화하고, 금융산업의 흐름을 읽는 안목을 키웠습니다.
환경의 영향과 행동 변화	• **진취성** 더 멀리 내다보는 습관을 갖게 됨	
행동 변화의 결과	• **글로벌마인드** 아시아 금융 중심지 싱가포르에서 교환학생 • **금융지식** 경제신문 구독을 통한 금융이해력 제고	

[성장과정 작성사례 2]

조직문화 : 고객지향 문화		요구역량 : 고객지향(공통), 열정(공통), 문제해결력(직무)
작성포인트	핵심사항	성장과정
성장한 환경	• 도전정신을 몸소 보여주신 아버지와 봉사활동을 통해 베푸는 삶의 의미를 일깨워주신 어머니	통신회사에서 근무하시는 아버지는 항상 새로운 트렌드를 연구하시며 몸소 도전정신을 보여주셨고, 어머니께서는 고아원과 장애아동시설에서 10년 넘게 봉사활동을 해오시며 베푸는 삶의 의미를 일깨워주셨습니다. 이 같은 부모님의 가르침은 제가 늘 새로운 일에 도전하는 것을 두려워하지 않게 만들었고 이 가운데서도 무엇이 타인과 더불어 사는 삶인지를 생각하게 만들었습니다. 이러한 도전정신과 상대방의 요구에 대한 진지한 고민은 Y기업이 주관하는 Sales 경진대회에서 빛을 발했습니다. 고객들을 직접 만나 설문조사를 하고 발로 현장을 뛰어다니면서 기존의 영업 전략을 대폭 수정한 고객맞춤형 영업전략을 만들어냈고 1등 수상의 영예를 안을 수 있었습니다.
환경의 영향과 행동 변화	• **고객지향** 낮은 곳에서 섬기며 상대방이 필요한 것이 무엇인지를 먼저 생각하고 대안을 생각함 • **열정** 새로운 일을 도전하고 배우는 것을 두려워하지 않음	
행동 변화의 결과	• **문제해결력** Y기업 Sales 경진대회에서 수상	

[성장과정 작성사례 3]

조직문화 : 혁신지향 / 관계지향 문화		요구역량 : 도전성(공통), 실행력(공통), 커뮤니케이션(공통)
작성포인트	핵심사항	성장과정
성장한 환경	• 4남매의 넉넉하지 않은 가정형편. 타인과 나누며 더불어 사는 삶의 중요성을 가르쳐주시고 몸소 보여주신 부모님	저의 성장과정은 가진 것(자원)의 한계를 극복하고 원하는 것을 이루는 법, 서로 협력하는 법, 설득하고 협상하며 의사소통하는 법, 그리고 무엇이든지 한번 도전한 일은 성과가 나올 때까지 실행하는 법을 몸으로 익혀온 과정이라고 할 수 있습니다. 소규모 자영업을 운영하신 부모님은 저를 포함한 4남매에게 원하는 만큼 갖지 못해도 주어진 것에 만족하고, 나누고 아끼며 더불어 사는 삶을 보여주시고 가르쳐주셨습니다. 선물을 주실 때도 4남매 각자에게 주시지 않고 4남매 모두에게 하나만 사주셨습니다. 그러다 보니 처음에는 다투기도 했지만, 자연스레 규칙을 정하고 서로 협의해서 나눠 쓰는 지혜를 배우게 되었습니다.
환경의 영향과 행동 변화	• **도전과 책임** 새로운 일을 주도적으로 시작하고 자신의 결정에 책임을 짐	
행동 변화의 결과	• **커뮤니케이션** 설득하고 협상하는 의사소통능력 • **실행력** 자원의 한계를 딛고 목표를 달성하기 위해 꾸준히 노력 • **적극성&커뮤니케이션** 적극적인 의사 표현과 토론	학원을 다니고 싶을 때는 제가 먼저 학원을 찾아가서 레슨을 한번 받아본 후 부모님께 왜 다니고 싶은지, 학원을 다녀서 어떤 좋은 점이 있을지를 말씀드리고 설득해야만 했습니다. 초등학교 4학년 때 피아노학원을 그렇게 다니게 되었습니다. 부모님은 허락해주셨지만, 몇 가지 조건을 제시하셨습니다. 피아노를 사줄 수는 없다. 중간에 다니기 싫거나 어려워도 절대 그만 둬서는 안 된다는 조건이었습니다. 비록 집에서 피아노를 연습할 수는 없었지만, 학원과 학교에서 더 열심히 연습한 결과, 6학년 때 D교육신문이 주최하는 콩쿠르에 나가서 초등부 우수상을 수상할 수 있었습니다.

하지만 안타깝게도 많은 취업준비생들이 성장과정 항목을 작성할 때 지원 기업의 조직문화와 요구역량을 고려하지 않고 그냥 열심히 쓰기만 한다. 유년 시절부터 대학을 졸업할 때까지 자신이 보기에 의미가 있는 경험들을 연대기식으로 나열한다.

인사담당자는 당신이 언제, 어느 동네에서 태어났으며, 어느 초등학교를 졸업했는지 전혀 관심이 없다. 이 책의 첫 장부터 누누이 강조해온 자기소개서 작성포인트를 절대 잊지 말자. 바로 자기소개서에 자신이 말하고 싶은 것이 아니라 기업이 듣고 싶어 하는 것을 쓰라는 것이다.

자기소개서의 성장과정은 다른 지원자들과 자신을 차별화시킬 수 있는 중요한 부분이다. 그렇기에 기업의 요구역량과 자신의 성장과정의 연결고리를 찾아 인사담당자가 듣고 싶은, 인사담당자의 눈길을 끌 수 있는 내용을 쓰는 것이 중요하다.

시간 여유를 충분히 갖고 깊이 고민하면서 자신의 성장과정을 정리해보자. 그렇다고 너무 튀는 내용으로 인사담당자를 부담스럽게 하는 것도 곤란하다. 기업이 대외적으로는 개성이 강한 인재를 원한다고 홍보할지 몰라도, 기본적으로 직장생활은 규정과 질서를 요구하는 조직생활이라는 것을 명심하자. 몇몇 업종을 제외하고 대부분의 기업들은 이질감을 줄 정도로 튀는 사람을 달가워하지 않는다.

6 장점과 단점 차별화 전략

+ 자신의 성격을 먼저 파악하라

취업준비생들이 자기소개서를 작성할 때 가장 힘들어 하는 부분 중 하나가 장점과 단점이다. 자신의 장점과 단점을 잘 모르기 때문이다. 지금껏 자신의 모습을 성찰해볼 기회가 많지 않았을뿐더러 그러한 자기분석 과정이 심리적으로 불편하기 때문에 은연중에 회피해온 결과일 수도 있다. 그리고 설령 자신의 장점과 단점을 잘 안다 할지라도 어떤 장점과 단점을 자기소개서에 써야 좋은 평가를 받을 수 있을지도 분명 고민일 것이다.

아무리 머리를 짜내도 자신의 장점과 단점이 불분명하다면 심리검사나 인성검사를 해보자. 예컨대 MBTI(개인성격유형)나 DICS(행동유형진단), MMPI(다면적 인성검사)와 같은 검증된 검사도구를 활용하면 자신의 성향과 장·단점을 보다 객관적으로 파악할 수 있다. 또한 검사 기록지와 해석지에 기재된 용어들을 자기소개서에 활용하면 보다 세련되게 장점과 단점을 기술할 수 있을 것이다.

또 다른 방법은 친구나 주변 사람들에게 자신의 장점과 단점을 물어보는 것이다. 최근 대학에서 주관하는 취업역량 강화 프로그램이나 교양과목들을

주변 친구들에게
자신의 장단점을
물어보자!

들다 보면 자신의 장·단점을 주변 사람들에게 묻고 답을 적는 과제를 해야 하는 경우가 있다. 이렇게 '자기분석' 과제를 하다 보면 타인의 관점에서 자신을 보다 객관적으로 파악할 수 있으며, 그동안 자신도 몰랐던 성격을 발견할 수 있다. 만약 사람들에게 직접 물어보기 쑥스럽다면, 이메일을 활용해보자. 이메일을 보내는 배경과 목적에 대해 구체적으로 설명하고 정중하게 답변을 요청한다면 진정성을 가지고 답변해줄 것이다.

+ 조직문화 및 요구역량과 연계하라

조직문화나 기업의 요구역량과 가장 밀접한 관련이 있는 한두 가지 장점만 선별하여 구체적으로 기술한다. 남들이 보기에 아무리 훌륭한 장점이라도 조직문화 및 요구역량과 관련 없는 장점은 안 쓰는 것이 낫다.

또 특색이 없는 장점을 단순히 나열하는 것은 오히려 장점이 없는 사람으로 보이기 때문에 주의하도록 한다. 예컨대 "저는 모든 일에 긍정적이고 적극

[실습템플릿 6-4] 장점 작성표

입사를 희망하는 기업의 조직문화와 요구역량을 파악한 후,
작성포인트(공통 역량, 직무 역량, 리더십 역량)에 맞춰 핵심사항을 도출하고 장점 항목을 작성한다.

조직문화 :		요구역량 :
작성포인트	핵심사항	장점
공통 역량		
직무 역량		
리더십 역량		

적으로 임합니다. 난관에 부딪히더라도 포기하지 않고 할 수 있다는 자신감으로 맞서려고 합니다. 노력해도 안 되는 것이 있겠지만, 해보려고 노력하는 것에서 많은 것을 배울 수 있을 것이라 생각합니다"와 같이 당연한 이야기는 쓰지 않는 편이 낫다.

커뮤니케이션 역량이나 대인관계능력을 드러낼 수 있는 에피소드를 중심으로 자신의 장점을 표현해보자. 그런데 여기서 주의해야 할 사항이 있다. 출제

자의 출제의도를 다 아는 양 자신의 장점을 쓰는 것은 피해야 한다. 예를 들면 팀워크가 직장생활에 필요한 이유를 인사담당자에게 가르치듯이 쓰는 것이다. "사회생활을 하는 데 있어 가장 중요한 것은 다른 사람들과의 원만한 관계입니다"와 같은 글은 평가에 마이너스가 될 뿐이다.

또한 성장과정과 마찬가지로 직무 적합성을 드러낼 수 있는 경험을 중심으로 장점을 작성하도록 한다. 특히 장점에 관한 기술은 다른 항목들과 달리 인사담당자가 읽자마자 어느 부서에 배치하면 좋을지 머릿속에 떠오르도록 그 근거가 명확해야 한다.

[장점 작성사례 1]

조직문화 : 시장중심 문화		요구역량 : 고객지향(공통), 마케팅 기획력(직무), 동기부여(리더십)
작성포인트	핵심사항	장점
공통 역량	•**고객지향** 다른 사람이 원하는 가치를 제공하는 것을 좋아함	저는 타인이 원하는 가치를 제공하는 것을 좋아합니다. 실례로 대학 시절 마케팅학회 부회장이 됐을 때 신입생들이 교재 구입에 어려움을 겪는 모습을 보고 마케팅학회 차원에서 '교재 물려주기' 캠페인을 기획하고 진행했습니다. 캠페인은 성공적으로 끝났고 당시 마케팅학회 신입생 가입 비율은 전년 대비 2.5배 증가했습니다.
직무 역량	•**마케팅 기획력** 교재 물려주기 캠페인 기획	또한 저는 타인을 인정하고 칭찬하는 일에 능합니다. 그리고 항상 타인의 긍정적인 면을 발견하려고 노력합니다. 이러한 장점은 팀 단위로 프로젝트를 할 때 효과를 발휘했습니다. 학과 마케팅 전략 수업 시, 팀 프로젝트의 리더를 맡아 브레인스토밍을 할 때 일입니다. 아이디어는 많지만 소심한 성격으로 인해 자신의 생각을 말하지 못하고 있던 팀원이 있었습니다. 저는 그 팀원이 주눅 들지 않도록 아이디어를 각자 종이에 써서 제출하는 방법을 시도했고, 그 팀원의 아이디어가 채택됐을 때 공개적으로 칭찬함으로써 자신감을 북돋아 줬습니다.
리더십 역량	•**동기부여** 타인에 대한 인정과 칭찬에 능함	

[장점 작성사례 2]

조직문화 : 성과중심 문화		요구역량 : 성실성(공통), 긍정적 사고(공통), 업무추진력(직무), 비전 제시(리더십)
작성포인트	핵심사항	장점
공통 역량	• **성실성** 성실함이 최고의 가능성이라 생각함 • **긍정적 사고** 항상 감사하는 마음을 지님	성실이 최고의 가능성이라 생각하며 학업에 최선을 다한 결과 대학 재학기간 중 두 번의 성적우수 장학금을 받았습니다. 또한 항상 감사하는 마음으로 웃음을 잃지 않으려고 노력합니다. E기업에서 2개월 동안 인턴으로 근무할 때 각종 컨퍼런스 진행을 보조하는 행사요원으로 일했습니다. 높은 업무 강도와 밤샘 작업으로 스트레스를 받을 때도 있었지만, 인턴 기간이 끝날 때까지 긍정적인 마음가짐으로 웃음을 잃지 않았습니다. 덕분에 인턴사원으로는 처음으로 '스마일 직원상'을 수상했습니다.
직무 역량	• **업무추진력** 모임을 주관하며 함께 목적을 달성함	추구할 만한 가치가 있는 일에 대해서는 성과가 쉽게 드러나지 않는 일도 훗날의 성공을 생각하며 성실하게 수행하려 노력합니다. 대학 3학년 한 해 동안 매주 학과 스터디 모임을 주관했습니다. 학기 초기에는 많은 회원들이 의욕적으로 모임에 참여했지만 시간이 지날수록 스터디 주제에 대한 준비가 부족해지고 토론의 질이 떨어지면서 참석하는 회원수도 줄게 되었습니다.
리더십 역량	• **비전 제시** 스터디 모임 회원들이 모임의 비전을 공유할 수 있도록 하여 모임을 활성화시킴	저는 스터디 모임의 비전과 목표를 모든 회원들이 다시금 깨닫고 공유할 수 있도록 처음 스터디 모임을 시작했던 선배들을 모임에 초대하여 선배들이 스터디 모임을 어떻게 운영했고 어떤 유익이 있었는지 경험담을 듣는 자리를 마련했습니다. 이후 회원들이 훨씬 열의를 갖고 모임에 참석하게 되었고, 과내 우수 학습동아리로 선정되는 성과도 거두게 되었습니다.

조직문화 : 관계지향 문화		요구역량 : 팀워크(공통), 논리적 사고(직무), 동기부여(리더십)
작성포인트	핵심사항	장점
공통 역량	•**팀워크** 팀원 각자에게 명확한 역할을 부여하고 다양한 의견을 수용함	주변 사람들의 장점을 발견하여 역량을 최대한 발휘할 수 있도록 불쏘시개 역할을 하는 것에 보람을 느낍니다. 대학시절 학생자문단 활동을 할 때 일입니다. 당시 저는 단장 직책을 맡아 워크숍을 통해 단원들의 장점을 먼저 파악했습니다. 특히 '신입생 예비대학' 프로그램을 기획하고 실행할 때는 단원들 각자의 장점에 따라 역할을 나누어 프로젝트를 추진했습니다. 그 결과 단원들 모두 자신의 장점을 십분 발휘하여 프로그램을 성공적으로 마칠 수 있었습니다(신입생 예비대학 만족도 전년 대비 13% 향상).
직무 역량	•**논리적 사고** 논리적인 근거 제시로 주장에 설득력을 더함	또한 저는 논리적으로 사고하는 것을 좋아합니다. 대학시절 팀 프로젝트에 참여하면서 논리적 근거가 명확한 주장이 설득력이 있음을 깨닫게 되었습니다. 이후 공동과제나 팀 프로젝트 시 제 의견을 말할 때마다 가장 합리적이고 논리적인 근거를 찾고, 다양한 현상 속에서 문제의 핵심 이슈를 찾고자 노력했습니다. 이러한 노력의 결과, 석사학위 논문 심사위원 교수님들로부터 논문의 전개 방식이 매우 논리적이라는 평가를 받았습니다. 그리고 학과 최우수 논문상을 수상하게 되었습니다.
리더십 역량	•**동기부여** 팀원의 장점을 발견하고 권한을 이양함	

+ 단점을 숨길 필요는 없다

단점은 간결하면서도 솔직하게 쓴다. 사회 통념상 윤리적으로 용인되지 않는 성격이라든가 행동이 아니라면, 단점 그 자체가 평가에 부정적인 영향을 미치지는 않는다. 인사담당자에게 안 좋은 인상를 줄까 봐 단점을 쓰지 않는 지원자도 있는데, 그러면 오히려 정직하지 못한 사람으로 평가받을 수 있다. 단점은 솔직하게 쓰되 단점을 개선하고자 하는 의지와 개선 과정을 명료하게 기술하도록 한다. 인사담당자는 지원자가 단점을 극복하기 위해 어떤 노력을 했고, 그 노력의 결과 현재 어떤 모습으로 발전했는지를 중요하게 여긴다. 간혹 지원자들 가운데 얼핏 보면 장점일 수 있는 내용을 단점으로 둔갑시키는 경우가 있는데 이는 바람직하지 않다. 예를 들면 다음과 같이 쓰는 경우다.

"저의 가장 큰 단점은 모든 일의 완벽함을 추구한 나머지 저 자신을 지치게 만든다는 것입니다. 이러한 성격으로 대학생활을 하다 보니 성적은 항상 과에서 최상위를 유지했지만 빈틈을 보이지 않는 제 스타일로 인해 함께 팀 과제를 했던 친구들이 힘들어하기도 했습니다."

이와 같이 장점과 단점을 교묘하게 섞어서 작성하면 역효과만 불러일으킨다. 단점은 있는 그대로 쓰고 개선 과정과 개선 결과를 설득력 있게 작성하는 데 집중하도록 하자.

[실습템플릿 6-5] 단점 작성표

작성포인트(단점, 개선 과정, 개선 결과)에 맞춰 핵심사항을 도출한 후, 단점 항목을 작성한다.

작성포인트	핵심사항	단점
단 점		
개선 과정		
개선 결과		

[단점 작성사례 1]

작성포인트	핵심사항	단점
단 점	•급한 성격	급한 성격이 저의 가장 큰 단점입니다. 2012년 W기업 해외마케팅팀에서 3개월간 인턴을 할 때, 같은 부서의 직원분이 제게 작업속도보다는 정확하게 일을 하는 것이 중요하다고 조언해주셨습니다. 그 분의 조언을 마음에 새기고 업무 정확도를 높이기 위해 조급하게 결론짓고 행동하지 않기 위해 노력했습니다.
개선 과정	•직원분의 조언 •마음의 여유 찾기 •업무정확도 높이기	이러한 노력으로 해외기업 마케팅 사례를 발굴하는 작업에서 제가 발굴한 7개의 사례가 실제 보고에 활용되었습니다. 그리고 마케팅팀 팀장님께서 인턴활동 평가를 하실 때, 제가 빠른 업무 이해와 정확한 업무 진행으로 성과 창출에 기여했다는 긍정적인 피드백을 해주셨습니다.
개선 결과	•마케팅 사례 발굴 •성과 창출에 기여	

[단점 작성사례 2]

작성포인트	핵심사항	단점
단 점	•부족한 영어 발음	원어민과 같은 영어 발음을 구사하지 못한 제 언어 실력은 해외 영업 직무를 수행함에 있어 약점이 될 수 있습니다. 그렇지만 저는 발음을 고치기 위해 5개월간 혀와 호흡을 단련하여 N 스피킹 어학원에서 다른 이들의 발음 교정을 돕는 조교가 될 수 있었습니다. 이러한 경험을 바탕으로 해외영업을 하는 데 언어로 인한 장애가 없도록 비즈니스 영어 또한 열심히 학습할 것입니다.
개선 과정	•발음 수정을 위해 혀와 호흡 단련	
개선 결과	•어학원 발음 교정 조교가 됨	

[단점 작성사례 3]

작성포인트	핵심사항	단점
단 점	•소심한 성격	저는 성격이 다소 소심했습니다. 청소년기에는 다른 사람들의 평가에 민감했었고 친구들과 의견 대립 시 감정이 상할 때가 종종 있었습니다. 타고난 성격이 완전히 바뀌진 않겠지만, 지금은 이러한 성격 때문에 고민하지 않습니다. 터닝 포인트는 대학시절 상경연합학회의 부회장을 맡았을 때였습니다. 회의를 진행하고 다양한 사람들과 프로젝트를 추진하면서 저에 대한 타인의 평가나 반응에 크게 신경 쓰지 않는 방법을 조금씩 체득하게 되었습니다. 특히 의견을 개진하는 방법, 의견 대립 시 조율하는 방법, 감정을 조절하는 방법을 배웠습니다. 그 이후 타인의 평가나 의견 대립으로 인해 감정이 상할 수 있는 상황에서도 이전처럼 움츠러들거나 지나치게 고민하지는 않습니다.
개선 과정	•학회 부회장직 맡음 •타인의 평가에 크게 신경쓰지 않는 방법을 체득함 •의견 전달과 의견 조율, 감정 조절 방법을 배움	
개선 결과	•감정이 상할 수 있는 상황에서도 움츠러들지 않음	

7 과외활동 차별화 전략

+ 직무와 관련한 역량을 강조하라

인사담당자는 과외활동 항목을 통해 기업이 요구하는 역량을 얼마나 보유하고 있는지 평가한다. 특히 직무수행과 관련한 역량을 중점적으로 평가한다.

자기소개서에 기술할 수 있는 과외활동으로는 인턴십, 사회봉사, 동아리 활동, 해외연수, 교환학생 경험 등을 꼽을 수 있다. 이 가운데 직무와 관련한 인턴이나 아르바이트 활동을 통해 기업이 요구하는 역량을 쌓았던 경험이 있다면 구체적으로 기술하는 것이 바람직하다. 또한 인턴 활동을 통해 조직생활을 체험하고 기업의 조직문화에 녹아들었던 에피소드가 있다면 적극 활용한다.

+ 공통 역량과 리더십 역량을 강조하라

직무와 관련한 인턴이나 아르바이트 경력이 없다면 어떻게 해야 할까? 이런 경우에는 사회봉사나 동아리 활동 등을 통해 기업이 요구하는 공통 역량과 리더십 역량을 쌓았음을 강조하면 된다. 특히 조직생활에서 요구하는 행동들을 구체적으로 기술하는 것이 좋다.

　실제로 기업에서는 커뮤니케이션과 팀워크 역량이 뛰어난 직원이 탁월한 조직적응력과 대인관계능력을 보이는 경우가 많다. 힘들게 뽑아놓은 신입사원이 조직에 적응하지 못해 1년도 채 지나지 않아 퇴사한다면 기업 입장에서는 큰 손해다. 그래서 기업은 사회성이 부족한 똑똑한 천재를 원하지 않는다. 공통 역량으로 자신의 조직적응력과 대인관계능력을 어필한다면 부족한 직무 역량을 만회할 수 있다.

[실습템플릿 6-6] 과외활동 작성표

입사를 희망하는 기업의 조직문화와 요구역량을 파악한 후, 작성포인트(공통 역량, 직무 역량, 리더십 역량)에 맞춰 핵심사항을 도출하고 과외활동 항목을 작성한다.

조직문화 :	요구역량 :	
작성포인트	핵심사항	과외활동
공통 역량		
직무 역량		
리더십 역량		

조직문화 : 공동체 문화		요구역량 : 성실성(공통), 팀워크(공통), 교육실행력(직무), 코칭(리더십), 동기부여(리더십)
작성포인트	핵심사항	과외활동
공통 역량	• **성실성** 결석 없이 봉사함 • **팀워크** 동료 자원 봉사 교사들과 협력함	○○○ 공부방 지역아동센터에서 3년 반 동안 했던 봉사활동은 사회 각층의 사람들을 만나고 그들을 이해하며 사회 구성원으로서 책임을 다하는 방법을 일깨워 주었습니다. S구 L에 위치한 이 지역아동센터는 60여 명의 아이들을 대상으로 방과 후 학습지도와 문화체험을 지원하고 있었습니다. 대학생 봉사자들로 구성된 자원 교사들은 매주 한 번씩 정해진 요일에 수업을 진행했습니다. 대학생들도 학업을 병행해야 하는지라 종종 불가피한 사정으로 수업시간을 지키지 못하는 경우도 있었습니다.
직무 역량	• **교육실행력** 60명의 아이들을 대상으로, 방과 후 학습지도와 문화체험를 지원함	그러나 저는 2011년 1년 동안 한 번도 빠짐없이 제가 맡은 수업시간을 지켰습니다. 또한 처음 한동안 마음을 열지 않던 몇몇 아이들의 말도 진심으로 경청하려고 노력했습니다. 그러자 아이들도 곧 마음을 제게 터놓았고 어울릴 수 있게 되었습니다.
리더십 역량	• **코칭** 아이들 이야기 경청 • **동기부여** 동료 자원 봉사 교사들의 역할 모델이 됨	뿐만 아니라 성실함을 인정받아 2012년 자원교사 대표로 선출되기도 했습니다. 누구보다 능동적으로 조직의 요구에 대응하려는 저의 모습에 동료 자원봉사 교사들도 함께 적극적으로 일할 동기를 얻었다는 평가를 받았습니다.

[과외활동 작성사례 2]

조직문화 : 위계지향 문화		요구역량 : 성실성(공통), 금융지식(직무), 분석적 사고(직무), 동기부여(리더십)
작성포인트	핵심사항	과외활동
공통 역량	**• 성실성** 주 1회 이상 스터디 모임을 통해 연구활동을 촉진함	대학원 석사과정 때 리스크관리를 보다 심도있게 연구하고자 '금융위험관리연구회' 회장직을 맡아 활동했습니다. 주 1회 이상 스터디 모임을 통해 리스크관리 측정모형인 VaR(Value at Risk)을 연구했습니다. VaR 연구 이후에는 B은행의 부도 사례 등 다양한 금융 리스크관리 실패 사례를 연구하면서, 국내 금융회사가 타사의 실패 사례를 통해 배워야 할 점들을 연구회 멤버들과 함께 토론한 후 그 결과물을 지도교수님께 제출했습니다.
직무 역량	**• 금융지식** 금융 리스크관리에 관한 전문지식을 공유함 **• 분석적 사고** 리스크관리 사례연구를 통해 시사점을 도출함	당시 저는 연구회 멤버들이 보다 적극적으로 연구회 활동을 하도록 동기부여하기 위해 '리스크관리 사례연구 발표대회'를 개최했습니다. 모든 연구회 멤버들이 4인 1조로 팀을 구성해 사례연구 결과를 지도교수님께 발표하는 대회였습니다. 발표대회를 통해 연구회의 멤버들은 리스크관리의 중요성을 더 깊이 인식하게 되었고, 국내 금융산업에 적용할 만한 많은 시사점을 공유하게 됐습니다.
리더십 역량	**• 동기부여** '금융위험관리연구회' 회장으로서, '리스크관리 사례연구 발표대회'를 개최함	지도교수님도 저희 사례연구 결과를 높이 평가하셨고, 발표대회를 연구회 차원이 아닌 경영대학 차원으로 격상시켜 모든 경영대 학생들이 참여할 수 있도록 확대하자는 의견을 주셨습니다.

[과외활동 작성사례 3]

조직문화 : 관계지향/위계지향 문화		요구역량 : 커뮤니케이션(공통), 프레젠테이션(공통), 동기부여(리더십), 기획력(직무), 솔선수범(리더십)
작성포인트	핵심사항	과외활동
공통 역량	• **커뮤니케이션** 목표를 공유하고, 함께 참여하도록 구성원들을 설득함 • **프레젠테이션** 대표로서 발표자료를 준비하여 커뮤니케이션을 효과적으로 수행	솔선수범과 커뮤니케이션을 통해 조직성과를 창출했던 경험을 소개하고자 합니다. 대학 4년 동안 활동했던 동아리는 '문화연구학회'였습니다. 이 학회는 사회적 이슈가 되는 사건이나 현상을 문화 관점에서 연구하는 단체였습니다. 20XX년 저는 학회 대표직을 수행하면서, 문화관광부 산하 기관이 주관하는 한류문화연구와 한류스타 공연 기획에 참여하는 아이디어를 학회원들에게 제안했습니다. 당시 학회원들은 학생 신분으로 공부에 부담이 될뿐더러 여러 NGO단체에 비해 연구력이 부족할 것이라며 참여를 반대하였습니다.
직무 역량	• **기획력** 정기 학술 행사를 기획하고 실행함	하지만 학회 차원뿐만 아니라 학생으로서, 그리고 이후 기업에서 성과를 창출하는 비즈니스맨으로서 이 기회가 역량개발 및 성장에 도움이 될 뿐 아니라 선배들로부터 이어져온 수많은 연구 성과들과 축적된 지식은 결코 부족한 것이 아님을 프레젠테이션 등을 통해 설득하였습니다. 결국 모든 회원들이 동의하게 되었고, 철저한 기획과 석 달간 밤낮을 가리지 않고 똘똘 뭉쳐 준비한 프레젠테이션으로 저희 학회가 문화연구에 참여하는 기회를 얻어냈습니다.
리더십 역량	• **솔선수범** 궂은일, 어려운 일을 먼저 수행하며, 모범을 보임 • **동기부여** 학회원들을 격려하여 학회에 대한 충성도를 제고	결과도 결과였지만, 대표로서 어려운 문제를 먼저 맡아서 해결하는 솔선수범을 보이며 회원들을 격려했고, 이 과정에서 회원들의 단결심과 학회에 대한 충성도를 높인 점은 무엇보다 큰 보람이었습니다. 그 일로 저는 졸업한 동문 선배들로부터도 칭찬을 받았고, 회원들의 인정을 받아 2년 연속 대표직을 수행했습니다.

8 성취와 실패 차별화 전략

+ 난관 극복의 과정을 작성하라

인사담당자는 성취와 실패의 과정을 중요시한다. 목표 달성 과정에서 발생한 난관을 어떻게 극복했는지, 난관을 극복하는 과정에서 무엇을 배웠고 이와 같은 일련의 과정에서 직무와 관련한 어떤 역량을 쌓았는지 확인하고 싶어 한다. 또 실패 경험에서는 무엇보다 지원자가 실패의 원인을 정확히 알고 있는지를 평가한다. 원인을 정확히 분석해야 적합한 해결방안을 찾을 수 있고 같은 실수를 반복하지 않기 때문이다.

그렇다면 성취와 실패 과정에서 부딪히게 되는 주요 난관들은 무엇일까? 프랑스 인시아드 경영대학원의 김위찬 교수와 르네 마보안Renée Mauborgne 교수의 논문 〈티핑 포인트 리더십Tipping point leadership〉(HBR, 2003)에 언급된 조직의 난관들을 참고해보자.

〈티핑 포인트 리더십〉에서 말한 난관에는 인지적 난관Cognitive Hurdle, 자원제약 난관Resource Hurdle, 동기부여 난관Motivation Hurdle, 정치적 난관Political Hurdle이 있다. 실제로 어느 기업에서나 이런 난관들이 존재하기 때문에, 이와 유사한

[실습템플릿 6-7] 난관 극복 과정 작성표

〈티핑 포인트 리더십〉에서 말한 난관의 내용을 참고하여, 자신이 난관에 봉착했던 경험과 극복과정을 작성해보자.

난관	내용	난관에 봉착했던 경험	극복과정
인지적 난관	구성원들이 현실에 안주하여 변화의 필요성을 인지하지 못하는 난관		
자원제약 난관	변화를 위해 많은 자원이 필요할 것으로 예상됨에 따라 혁신에 부담을 느끼는 난관		
동기부여 난관	조직 내 핵심 구성원들에게 동기를 부여하는데 있어 따르는 난관		
정치적 난관	변화로 인해 잃을 것이 많다고 생각하는 기득권 세력들의 저항에 따른 난관		

난관을 극복한 사례를 언급한다면 인사담당자는 자기소개서를 흥미롭게 읽을 것이다. 특히 리더십을 발휘해 이 같은 난관을 극복한 경험을 기술한다면 좋은 평가를 받을 수 있다.

+ 성취와 실패를 통한 깨달음을 작성하라

성취와 실패 과정에서 얻은 깨달음은 기업이 요구하는 역량과 관련이 깊을수록 좋다. 더불어 경험을 통해 얻은 교훈을 바탕으로 직무를 수행해가겠다는 다짐을 담는다면 더욱 긍정적인 평가를 받을 수 있다. 인사담당자는 실패를 바라보는 태도와 시각을 중요하게 여긴다. 실패를 어떻게 해석하고, 실패로부터 무엇을 배웠는지에 비중을 두고 평가하는 것이다. 실패 경험은 부끄러운 것이 아니다.

실제로 직장에서 업무를 수행하다 보면 성공할 때보다 실패할 때가 더 많다. 혁신문화가 강한 기업들 중에는 직원들에게 실패를 장려하는 곳도 있다. 기업은 실패를 학습과 새로운 도전의 기회로 삼는 진취적인 지원자를 원한다. 비록 실패 경험이 머릿속에서 지워버리고 싶은 고통일지라도 그 경험을 현재는 긍정적으로 바라보고 있다는 인상을 주도록 하자.

[실습템플릿 6-8] 성취와 실패 작성표

입사를 희망하는 기업의 조직문화와 요구역량을 파악한 후, 작성포인트(난관경험, 극복 과정, 결과, 깨달음)에 맞춰 핵심사항을 도출하고 성취와 실패 항목을 작성한다.

조직문화 :		요구역량 :
작성포인트	핵심사항	성취와 실패
난관경험		
극복 과정		
결과		
깨달음		

[성취와 실패 작성사례 1]

조직문화 : 혁신지향 문화		요구역량 : 도전정신(공통), 열정(공통), 기획력(직무)
작성포인트	핵심사항	성취와 실패
난관경험	• 동아리 홍보 자금 부족 • 공연장소 대여 불가	대학 입학 당시 H대학교에는 관현악 오케스트라가 없었습니다. 저는 음악을 사랑하는 사람끼리 동아리를 만들면 어떨까 하는 생각으로 H대 관현악 오케스트라 'OOOO'를 창립했습니다. 저는 학교에 동아리 등록을 하고 부회장직을 맡아 공연 기획을 총괄했습니다. 초기에 동아리를 홍보하기 위해 작은 연주회를 열자는 제안이 나왔지만 당시에는 준동아리라 강당을 대여할 수 없었습니다. 또한 홍보를 위한 자금도 부족하여 어려움을 겪고 있었습니다. 저는 이러한 난관을 극복하기 위해 잔디밭에 보면대를 놓고 자유롭게 연주하는 공연을 기획했습니다. 그렇게 시작된 잔디밭 연주회. 따로 무대가 설치되어 있는 것도 아니었고 현수막이 걸려 있는 것도 아니었지만 많은 학생들이 흥미롭게 관람했습니다. 그리고 동아리를 홍보하는 데 현수막보다 훨씬 효과적이었습니다. 그 이후 지금까지 관현악 오케스트라는 매년 3월에 잔디밭 연주를 열고 있습니다. 이와 같은 동아리 창립과 공연 경험을 통해 어떤 일이건 당면한 문제를 해결할 수 있다는 자신감이 중요함을 알게 되었습니다. 또한 도전정신이 있으면 어떤 난관도 극복할 수 있다는 것을 깨닫게 됐습니다. 입사 후 직무를 수행할 때도 이러한 자신감과 도전정신을 견지하도록 하겠습니다.
극복 과정	• **기획력** 잔디밭 보면대 공연을 기획함	
결과	• 많은 학생들이 관람함 • 동아리 홍보 성공	
깨달음	• **도전정신** 난관을 극복하기 위해서는 자신감과 도전정신이 중요함	

[성취와 실패 작성사례 2]

조직문화 : 발전 문화		요구역량 : 커뮤니케이션(공통), 적극성(공통), 업무유연성(직무)
작성포인트	**핵심사항**	**성취와 실패**
난관경험	• 조사 대상 제조업체들이 자료 제출을 거부함	A은행에서 통계조사원으로 인턴 활동을 할 때 일입니다. 제가 맡은 일은 제조업체들의 회계자료 및 원부재료비 내역을 제공 받아 엑셀로 검증하는 일이었습니다. 소규모 업체의 경우 인력 부족과 원부재료 투입 내역을 따로 관리하고 있지 않아 자료를 받아내는 것이 어려웠습니다. 이러한 자료 수집의 난관을 극복하기 위해 저는 본부장님 명의의 협조 공문을 발송했습니다. 협조 공문을 통해 조사 활동의 의미를 구체적으로 설명하고 수집한 정보의 외부유출을 어떻게 방지하는지 설명했습니다. 이렇게 공문을 발송하자 그동안 자료 제출을 거부했던 대부분의 업체들이 자료를 제출했습니다.
극복 과정	• **커뮤니케이션 & 적극성** 협조 공문을 발송하여 조사 활동에 관한 구체적인 정보를 제공함 • **업무유연성** 새로운 조사방식을 적용함	끝까지 자료 제출을 거부한 업체들의 경우, 동종업계 타 업체의 내역을 참고하여 투입 원재료를 간접적으로 파악한 후 해당 업체들의 각 재료별 투입 비율만을 조사하여 값을 얻어내는 새로운 방식을 적용했습니다. 그 결과 조사 대상 업체들의 자료 제출 부담을 줄여주면서 통계조사를 완수할 수 있었습니다.
결과	• 자료를 모두 수집함 • 통계조사를 완수함	인턴 경험을 통해 업무를 수행할 때에는 다양한 방식으로 커뮤니케이션하는 것이 필요하다는 것을 깨달았습니다. 또 난관에 봉착했을 때에는 유연성을 발휘하여 새로운 방식을 적용함으로써 문제를 해결할 수 있다는 것을 배우게 됐습니다. 귀사에 입사가 허락된다면, 업무를 수행하면서 어려움이 발생했을 때 다양한 커뮤니케이션 방법을 활용하여 문제를 해결하도록 노력하겠습니다.
깨달음	• **커뮤니케이션** 다양한 방식의 커뮤니케이션이 필요함 • **업무유연성** 유연한 방식으로 문제를 해결하는 것이 중요함	

[성취와 실패 작성사례 3]

조직문화 : 과업지향 문화		요구역량 : 커뮤니케이션(공통), 팀워크(공통), 논리적 사고(직무), 문제해결력(직무)
작성포인트	핵심사항	성취와 실패
난관경험	•비효율적으로 탐방 일정이 진행됨	3인 1조로 해외 선진대학을 탐방한 후, 탐방보고서를 제출하는 교내 경진대회에 참여했습니다. 저희 조는 미국 동부 대학들을 탐방했는데, 탐방 중 일부 일정이 관광 위주로 비효율적으로 진행된다는 생각이 들었습니다.
극복 과정	•**커뮤니케이션 실패** 구체적인 대안 없이 의견만 제시함 •**팀워크 실패** 조원들 간 관계가 서먹해짐 •**문제해결력 실패** 탐방 일정을 변경 못함	저는 탐방 일정 변경을 제안했지만, 어떻게 변경하는 것이 좋은지 구체적인 대안은 제시하지 못했습니다. 다른 조원들은 대안 없이 일정 변경만 주장한 제 의견에 시큰둥한 반응을 보였고, 저희 조는 어색한 분위기로 뉴욕과 보스턴을 오가야만 했습니다. 다행히 탐방이 끝날 무렵 조원들 간의 관계는 회복되었지만, 탐방보고서를 제대로 작성하지 못했고 저희 조는 대회 입상에 실패했습니다.
결과	•탐방보고서를 부실하게 작성함 •대회 입상에 실패함	저희 조가 대회 입상에 실패한 가장 큰 원인은 팀워크의 실패였다고 생각합니다. 공동의 목표를 달성하기 위해 조원들 간에 적극적으로 의사소통하고 팀에 기여하기 위해 협력하는 자세를 보였다면 보다 의미 있는 보고서를 작성했으리라 생각합니다. 그리고 자신의 주장을 관철할 때에는 합리적인 근거와 방법을 제시해야 상대방을 설득시킬 수 있음을 배우게 됐습니다. 앞으로는 제가 맡은 책임을 다하고 타인을 배려함으로써 팀워크를 강화하는 사람이 되도록 노력할 것입니다.
깨달음	•**커뮤니케이션** 공동의 목표를 달성하기 위해서는 적극적인 커뮤니케이션이 필요함 •**팀워크** 팀에 기여하기 위한 협력적인 자세가 중요함 •**논리적 사고** 자신의 주장을 관철할 때는 근거와 방법을 제시해야 상대방을 설득시킬 수 있음	

9 생활신조
차별화 전략

생활신조는 개인의 행동과 판단의 기준이며 어떤 상황에서도 지속적으로 추구하고자 하는 믿음과 행동의 원칙이다. 즉 삶의 핵심가치가 생활신조의 근간이 된다. 생활신조를 품고 그 신조를 자신의 삶 속에 내재화하는 사람은 인생의 비전을 실현할 가능성이 높다.

그렇기에 인사담당자는 생활신조가 명확한 지원자가 자기소개서의 지원 동기와 입사 후 포부 항목에서 기술한 비전을 실현할 가능성이 높다고 판단한다. 특히 생활신조가 입사하려는 기업의 핵심가치와 유사할수록 조직 적합성이 높은 지원자로 판단되어 좋은 평가를 받을 수 있다.

그러나 자기 확신이 강한 일부 지원자들은 기업정서와 상치되거나 기업 입장에서는 큰 비중을 두지 않는 생활신조를 지나치게 강조하는 실수를 범하고는 한다. 예를 들어 인류의 보편적 가치인 '평등'으로 모든 사회적 현안을 바라보려고만 하는 지원자가 있다고 하자. 이렇게 생활신조가 극단으로 치우치면, 면접에서 "기업에 대한 사회의 부정적 인식에 대해 어떻게 생각하느냐?"와 같은 곤혹스러운 질문들을 받을 수 있다. 대부분의 기업들은 균형 잡힌 가치관

[실습템플릿 6-9] 생활신조 작성표

입사를 희망하는 기업의 핵심가치를 반영한 후, 자기 삶의 핵심가치를 토대로 생활신조 항목을 작성한다.

지원 기업 핵심가치	내 삶의 핵심가치	생활신조
• •	• •	

을 가진 지원자를 선호한다. 한쪽으로 치우친 돈키호테를 채용하기 부담스러워 하는 기업의 현실을 잊지 말자.

아직 생활신조가 없다면 이번 기회에 입사하려는 기업의 핵심가치를 반영하여 생활신조를 만들어보자. 아래와 같은 질문을 스스로에게 던져보면 보다 쉽게 생활신조를 작성할 수 있다.

| 생활신조 작성을 위한 질문 |

• 어떤 일이 있어도 내가 반드시 지켜야 할 행동의 기준은 무엇인가?

• 내 모든 판단과 의사결정에 최소한의 기준이 되는 것은 무엇인가?

• 내 삶에서 가장 소중하게 여기는 믿음과 원칙은 무엇인가?

[생활신조 작성사례 1]

지원 기업 핵심가치	내 삶의 핵심가치	생활신조
• 성실성 • 주인의식	• 성실성 • 책임감	"큰일을 하려면 먼저 작은 일에 충실하자"는 생활신조를 가지고 있습니다. 허황된 꿈을 따르기보다 현재 맡은 일에 최선을 다할 때 큰일을 할 수 있다고 믿기 때문입니다. 이러한 생활신조를 지니고 지금껏 주어진 자리에서 작은 일이라도 최선을 다하려고 노력했습니다. 그러다 보니 주변 사람들의 긍정적인 평가와 추천에 의해, 제게는 큰일일 수도 있는 'K학회 편집장', 'P대회 실무위원'과 같은 역할을 맡기도 했습니다. 또한 어려움이 있어도 맡은 역할을 끝까지 수행하려는 과정 속에서 추진력, 책임감과 같은 역량들을 자연스럽게 쌓을 수 있었습니다. 앞으로도 어느 곳에서든 주어진 역할에 최선을 다할 때 삶의 여러 값진 것들을 얻을 수 있을 것이라는 믿음으로 행동할 것입니다.

[생활신조 작성사례 2]

지원 기업 핵심가치	내 삶의 핵심가치	생활신조
• 상호존중 • 고객만족 • 주인의식	• 상호존중 • 자아존중	저의 생활신조는 "다양하기 때문에 세상은 돌아간다"입니다. 사람들이 각자 원하는 바를 추구할 때에 세상이 아름답게 돌아간다고 생각하기 때문입니다. 알록달록한 색상이 찍혀 있는 그림과 같이, 사람들 개개의 개성이 밖으로 표출되고 그것이 서로에게 긍정적인 영향을 주고받을 때 아름다운 세상이 만들어진다고 생각합니다. 이러한 생활신조에 맞게 항상 '나의 존재, 나의 마음'을 생각하며 결정을 내리고 있으며, 스스로가 가장 기쁘고 보람을 느낄 수 있게 하루하루를 보내고자 노력하고 있습니다.

[생활신조 작성사례 3]

지원 기업 핵심가치	내 삶의 핵심가치	생활신조
• 정직성 • 전문성 • 섬김과 배려	• 소통 • 배려와 나눔 • 겸손과 존중	"다름을 소통하자"는 생활신조를 갖고 있습니다. 대학 1학년 때까지 저는 가족 안에서 자신만 알고 다른 사람을 배려할 줄 모르는 이기적인 사람이었습니다. 그러던 중 2학년 때부터 동아리에서 만든 공동체 하우스에 들어가서 매년 다른 5명의 구성원들과 함께 3년을 살게 되었습니다. 가족도 아니고 나와 다른 성격과 라이프스타일을 가진 사람들과 삶을 공유하는 경험을 하면서, 다른 사람과 공존하는 것, 다름을 소통하는 것의 가치를 배웠습니다. 비록 힘든 일도 많았지만 대학 시절에 학문만이 아니라 사람들과 함께 살아가는 지혜를 배웠던 것은 저의 큰 자산이 되었습니다. 그리고 이것이 곧 저의 정체성을 형성한 요인이 되었습니다.

[표 6-1] 자기소개서 연계수준 평가표

자기소개서를 작성한 후 입사를 희망하는 기업과의 조직 적합성과 역량 적합성을 평가해보자. 조직 적합성과 역량 적합성이 모두 보통 이하인 항목은 다시 작성하도록 한다.

항목	조직 적합성	역량 적합성
지원 동기		
입사 후 포부		
성장과정		
장점과 단점		
과외활동		
성취와 실패		
생활신조		
○ 낮음　　◑ 보통　　● 높음		

Chapter

7

기업분석과
연계한 면접

1 승리를 부르는 면접 전략

+ 인사부터 제대로 하라

인사가 첫인상을 좌우한다는 사실은 모든 지원자들이 알고 있다. 하지만 많은 지원자들이 면접관과 눈을 마주치는 순간 멀뚱멀뚱 두 눈만 껌뻑이며 선 채로 어찌할 바를 몰라 한다. 자신감이 없어 보이기도 하고 준비가 안 된 지원자처럼 비치기도 한다. 면접장에 들어선 후에는 자연스럽게 면접관과 눈을 맞추며 밝은 얼굴로 정중히 인사하도록 하자.

재차 강조하지만 첫인상에 가장 큰 영향을 미치는 것은 외모가 아닌 인사다. 인사를 잘하는 모습만으로도 면접장에서 자신을 차별화할 수 있다. 면접관들은 지원자가 인사하는 모습을 보고 '당當'은 모르겠지만 '락落'은 결정짓는다. 평소 인사하는 습관이 들지 않은 사람은 면접장에 입장하기 전 '인사를 잘 하자! 인사를 잘 하자!'라고 백 번을 되뇌어도 면접장에 들어서는 순간 망부석이 되기 십상이다. 몸은 인사를 기억한다. 면접에서 좋은 평가를 받고 싶다면 평소에 밝은 표정으로 인사하는 습관을 만들어두자. 이는 면접뿐만 아니라 향후 직장생활에서도 큰 보탬이 될 것이다.

자신감을 가지되 거만하지 않게!

+ 겸손하고 예의바른 태도를 보이라

개성을 살리면서도 충분히 예의바른 태도를 견지하도록 노력하자. 면접관들은 아무리 스펙이 좋아도 태도가 건방지고 말투가 겸손하지 못한 지원자는 반드시 탈락시킨다. 우월감이나 자기 과시적 태도를 보이는 것도 금물이다. 자신감과 자만심은 엄연히 다르다. 얄팍하게 아는 지식으로 전문가 앞에서 거만 떨지 말자. 자신이 아무리 다양한 경험과 스펙을 쌓았다 하더라도 면접관들은 이미 해당 업계에서 잔뼈가 굵은 고수들이라는 것을 잊어서는 안 된다.

또 면접관의 말을 중간에 자르거나 무례한 태도를 보여도 낭패를 본다. 취업을 원한다면 기본적인 소양부터 갖추자. 입사하면 당신이 조직에서 가장 막내다. 도저히 막내 생활을 못할 것 같은 사람을 어떻게 합격시킬 수 있겠는가?

+ 자기소개서에 쓴 내용을 숙지하라

면접관은 자기소개서에 기재된 내용을 토대로 질문한다. 때문에 자기소개서에 쓴 내용을 면접 전에 철저히 숙지해야 한다. 조금이라도 자기소개서에 기재한 내용과 상반된 말을 하면 도덕성과 신뢰성에 큰 타격을 입는다. 요즘 면접장에서 보면 본인도 기억을 못 할 만큼 많은 기업에 무작위로 입사지원서를 제출한 지원자들이 면접 시 자기소개서 내용을 혼동하는 경우가 종종 있다. 면접 시작부터 회사이름을 틀리게 말하는가 하면 자기소개서에 기술한 내용과 전혀 다른 말을 하는 지원자도 있다. 면접관 입장에서는 황당스럽기 그지 없지만 한편으로 이런 지원자들에게 고마움을 느끼기도 한다. 1초의 망설임도 없이 탈락시킨 후 쉬는 시간을 가질 수 있기 때문이다.

면접은 자기소개서에서 담지 못한 자신의 장점을 보여줄 수 있는 마지막 기회다. 노력 여하에 따라 당락이 바뀔 수 있는 마지막 관문이라는 뜻이다. 끝까지 긴장의 끈을 놓지 말고 최선을 다하자.

+ 1분 소개를 철저히 준비하라

대부분의 기업들은 지원자에게 1분간 자기소개를 하라고 한다. 왜일까? 이미 자기소개서에 충분히 자기를 소개했는데 말이다. 대부분의 면접관들은 지원자의 자기PR능력이나 커뮤니케이션 스킬을 파악하기 위해, 혹은 지원자가 한 말을 토대로 질문을 하기 위해 1분 자기소개를 요구한다. 하지만 무엇보다 가장 큰 이유는 면접 준비를 제대로 했는지 평가하기 위함이다. 때문에 철저한 사전 준비와 연습은 필수다. 1분간 면접관에게 주는 인상이 면접의 절반 이상을 좌우한다는 사실을 꼭 명심하자.

1분은 생각보다 짧은 시간이다. 게다가 도중에 중단시키는 경우도 있다. 따라서 자기소개를 할 때는 가장 강조해야 할 핵심 내용을 제일 먼저 말한다. 앞 장에서 강조했듯 조직 적합성과 역량 적합성을 드러내는 또렷한 이미지와 사례를 중심으로 간략히 말하는 것이 좋다. 이를 위해 자기소개서의 내용을 1분 분량의 글로 작성해보자. 200자 원고지 4장(A4용지 반 정도) 정도의 분량이다. 글로 쓴 다음 말로 옮겨 실전처럼 연습해야 면접장에서 자연스럽게 입에서 나온다. 물론 외운 듯 자기소개를 하는 것은 금물이다.

+ 긴장을 받아들이라

면접관 앞에서는 누구나 떤다. 떨리는 게 자연스러운 현상이라고 스스로를 납득시켜보자. 이렇게 생각하는 것만으로도 긴장은 다소 풀린다. 면접은 대입 수학능력시험처럼 1년에 한 번밖에 치를 수 없는 시험이 아니다. 설령 면접을 잘못 치러 떨어진다 하더라도 다른 기업에 가서 잘 보면 된다. 꼭 이 회사에 합격해야 된다는 부담감으로 자신을 짓누르는 것은 어리석은 행동이다.

면접의 기회를 얻은 것만으로도 감사히 생각하자. 설령 이 곳에서 탈락한들 인생이 무너지겠는가? 남들은 돈 주고 면접 연습하는데 자신은 면접비 받으면서 실전 경험을 쌓는다고 생각하면 되지 않겠는가. 적당히 긴장을 즐기며 면접관을 삼촌이나 아버지처럼 생각해보자. 이 분들도 본인의 아들딸들이 원하는 기업에 입사하길 소망하는 우리 부모님과 같으신 분들이다. 지나치게 긴장해서 얼굴이 딱딱하게 굳어져 있으면 보는 사람도 불편하다. 지나친 부담감을 털어버리고 자신의 강점을 드러낸다면 충분히 승산이 있을 것이다.

+ 강점으로 승부하라

약점에 집착할 필요는 없다. 약점은 누구에게나 있다. 면접 과정에서 약점을 감추려고 애쓰기보다 강점을 부각시키려고 노력해야 한다. 면접관이 자신의 부족한 점을 지적하면 욱하지 말고 겸허히 인정하는 모습을 보이자. 약점을 보완하기 위해 노력한 과정을 구체적으로 설명하면 된다. 사실 면접관은 지원자의 약점이 조직문화에 부정적인 영향을 미치거나 팀워크를 해칠 정도가 아니면 크게 개의치 않는다. 또 스펙이 부족하다고 해서 괜히 걱정할 필요는 없다. 서류전형을 통과한 이상 스펙은 면접에 큰 영향을 미치지 않는다. 면접관 앞에서 약점을 변명하기 위해 에너지를 쏟다 보면 정작 중요한 자신의 강점을 보여주지 못하게 된다. 강점으로 승부하자.

+ 정직한 모습을 보이라

면접관의 질문에 모르면 모른다고 솔직히 대답하자. 순간을 모면하기 위해 말을 만들어서 아는 척하는 지원자만큼 면접관을 분노케 하는 경우도 없다. 질문 몇 개 답을 못했다고 면접에서 떨어지지는 않는다. 모든 질문에 완벽히 대답할 수 있는 지원자는 없다. 면접관은 대답의 내용도 중요하게 생각하지만 답변하는 태도를 더욱 중요하게 생각한다. 모른다고 당황해서 우물쭈물하거나 거짓을 말하지 말고 겸손한 태도로 솔직하게 말하자. 또 더 많이 배워 나가겠다는 긍정적인 태도를 견지하자.

면접관들은 지원자의 음성과 입모양, 심지어 동공의 사소한 흔들림을 통해서도 이 사람이 지금 거짓말을 하고 있는지 아닌지 꿰뚫어보는 매의 눈을 가지고 있다. 진실한 태도가 면접관에게 신뢰를 준다는 사실을 명심하자.

+ 면접관이 친밀감을 느끼게 하라

짧은 시간이지만 첫인상에서 면접관에게 친밀감을 느끼게 하자. 면접관이 갖는 친밀감은 '저 지원자와 함께 일하고 싶다'는 마음과 직결된다. 면접관은 지원자의 생김새보다 인상에 주목한다. 부드럽고 밝은 표정이 면접관에게 친밀감을 주는 것은 두말할 나위가 없다. 때문에 면접장에 들어가는 순간부터 문을 닫고 나올 때까지 미소 띤 밝은 표정을 유지하도록 하자. 원래 표정이 없다면 면접 전날까지 하루에 10분 이상 거울을 보고 입꼬리를 올리며 웃는 연습을 해보자. 이전보다 훨씬 밝은 표정이 나올 것이다.

자신감 있는 태도도 중요하다. 부드러운 인상을 만들기 위해 취업 성형수술까지 했어도 면접관 앞에서 위축된 모습을 보이면 아무 소용이 없다. 그렇다고 백전노장처럼 지나치게 노련한 모습을 보이는 것도 좋지 않다. 자로 잰 듯 빈틈 없는 지원자보다 인간적인 매력을 지닌 지원자를 선호하는 것은 당연지사다.

+ 열정적인 모습을 보이라

짧은 시간에 면접관에게 자신이 이 회사에 가장 적합한 인재라는 인상을 강렬하게 심어줘야 한다. 즉 입사에 대한 열망을 어떻게 발산하느냐에 따라 당락이 결정된다. 그렇다고 막무가내로 달려드는 열정은 불을 향해 뛰어드는 불나방처럼 위험하기 그지없다. 열정의 대상이 명확해야 한다. 단지 면접을 통과하기 위한 열정이 아닌 일에 대한 열정, 기업에 대한 열정, 자신의 삶에 대한 열정을 명확하면서도 진정성 있게 보여야 좋은 평가를 받는다.

+ 긍정적인 모습을 보이라

면접관이 모욕적인 말을 해도 불쾌한 내색을 하거나 얼굴을 찌푸리지 말자. 일부러 화나게 만들어 불편한 상황에 대한 대처능력을 평가하려는 경우가 많다. 공격적인 질문을 받았을 때 언짢은 표정을 하면 감정을 조절하지 못하는 지원자로 비친다.

면접장에서는 어떤 상황이 펼쳐지더라도 시종일관 긍정적으로 생각해야 한다. 긍정적으로 생각하면 긍정적인 이미지가 뇌에 형성되고, 뇌에 형성된 긍정적인 이미지가 얼굴 표정으로 나타난다. 밝은 표정을 유지해야 면접관에게 호감을 줄 수 있다. 어둡고 경직된 표정은 정서적으로 거부감이 들뿐더러 병약해 보인다. 면접관은 정신과 육체가 모두 건강한 지원자를 선호한다.

면접관은 당신의 '적합성'을 평가한다

+ 적합성이 당락을 결정한다

면접관은 주로 인성과 비전, 가치관에 관한 질의응답을 통해 '저 친구는 우리와 코드가 잘 맞네!'라는 느낌이 든 지원자를 합격시킨다. 따라서 자신이 기업의 조직문화와 코드가 맞는 사람임을 부각시키는 것이 중요하다. 인성 평가는 사람 됨됨이를 판단하는 것이다. 자기소개서에 기재한 내용만으로는 인격과 성격을 정확히 평가하기 어렵다. 때문에 지원자를 직접 만나 가치관과 말하는 태도 등을 평가함으로써 당락 여부를 결정짓는다.

다음으로 면접관은 지원자가 기업이 요구하는 역량을 갖추고 있는지를 평가한다. 즉 기업의 공통 역량, 직무 역량, 리더십 역량을 평가한다. 특히 성공적으로 직무를 수행할 수 있는 역량을 갖췄는지를 주요 평가대상으로 삼는다.

최근에는 면접 비중이 증가함에 따라 한 차례 면접으로 당락을 결정하지 않고 평가요소에 따라 여러 차례 면접을 실시한다. 기업마다 차이는 있지만 보통 1차 면접에서는 실무진들이 면접관으로 참여해 공통 역량과, 직무 역량, 리더십 역량을 평가한다. 2차 면접에서는 최고경영자를 포함한 임원진이 면접관으로

[표 7-1] 면접단계별 주요 평가요소

면접단계	면접관	주요 평가요소		면접유형
1차	실무진	역량 적합성	공통 역량	• 개별 면접 • 집단(토론) 면접 • 프레젠테이션 면접 • 영어 면접 • 합숙 면접
			직무 역량	
			리더십 역량	
2차	임원진	조직 적합성	인성 (인격, 성격, 예의범절)	• 개별 면접 • 집단 면접
			비전 (지원 동기, 입사 후 포부)	
			가치관 (생활신조)	

참여해 인성, 비전, 가치관을 평가한다. 각 면접단계별로 평가요소와 면접관의 특성에 맞춰 다양한 면모를 부각시키도록 한다. 예를 들면 1차 역량 면접에서는 전문성이 돋보이도록 열정적이며 지적인 이미지를 부각시키고, 2차 인성 면접에서는 됨됨이가 돋보이도록 차분하고 겸손한 이미지를 연출하는 것이다.

+ 역량 적합성 평가

공통 역량과 리더십 역량은 각 부서의 과·차장급 실무진들이 면접관으로 참여해 지원자들의 토론 과정을 지켜본다든가, 합숙 면접에서 지원자들이 과제를 수행하는 과정을 관찰하면서 평가한다. 공통 역량 평가는 조직구성원이라면 누구나 갖추어야 할 역량을 어느 정도 보유하고 있는지 평가하는 것으로, 주요 평가항목은 커뮤니케이션, 팀워크, 고객지향, 혁신지향, 열정이다. 리더십 역량 평가는 리더십을 발휘하여 다른 구성원들과 함께 조직의 비전과 전략을 실현할 수 있는지 평가하는 것으로, 주요 평가항목은 비전공유, 동기부여, 코칭이다.

직무 역량 평가는 지원 분야별 과·차장급 실무진으로 구성된 면접관들이 개별 또는 집단 면접 방식으로 진행한다. 면접관들은 전공 관련 지식과 직무에 대한 이해, 직무수행에 필요한 역량, 문제해결력, 순발력, 잠재력 등을 종합적으로 평가한다. 최근에는 영어구사 능력과 프레젠테이션 스킬을 함께 평가하기도 한다.

프레젠테이션 면접의 경우 특정 과제나 주제를 주고 그 문제를 해결하는 과정과 결과를 평가한다. 짧은 시간 준비한 프레젠테이션의 구조와 내용을 통해 지원자의 전문성과 전략적 사고, 논리적 사고, 문제해결 프로세스, 순발력, 프레젠테이션 스킬 등을 평가하는 것이다.

직무 역량 평가에서 높은 점수를 받으려면 사소한 경험이라도 직무와 관련해 성공한 경험을 강조하는 것이 중요하다. 특히 자신이 속한 조직에서 맡았던 역할과 성과에 대해 구체적으로 설명한다. 면접관이 지원자의 대답을 들은 후 '저 친구한테 일을 맡기면 똑부러지게 잘하겠네'라는 확신이 들어야 좋은 점수를 받을 수 있다.

역량 적합성 평가 주요 질문

- 본인이 살아오면서 성취한 것 중에 가장 자랑할 만한 것은 무엇입니까?
- 본인이 살아오면서 실패한 일 중에 가장 후회스러운 경험은 무엇입니까?
- 지금까지 살면서 가장 힘들었던(기뻤던) 일은 무엇입니까?
- 대학에서 ○○○ 전공을 선택한 이유가 무엇입니까?
- 대학 다닐 때 인턴이나 아르바이트를 한 경험이 있습니까?
- 해외연수(또는 교환학생)를 통해 어떤 교훈을 얻었습니까?
- 대학에서 어떤 동아리 활동을 했습니까? 왜 그 동아리에 가입했습니까?
- 여가 시간에는 주로 무엇을 합니까? 휴일에는 주로 무엇을 합니까?

- 좋아하는 운동은 무엇입니까?

- 연주할 수 있는 악기가 있습니까?

+ 조직 적합성 평가

인성 평가는 임원 3~4명이 면접관으로 참여해 개별 또는 집단 면접 방식으로 진행한다. 인격과 성격은 말과 행동이 얼마나 일관성이 있는지, 자기소개서에 기재한 내용이 사실인지, 겸손한 자세를 지녔는지를 기준으로 평가한다. 예의범절은 지원자가 면접장에 들어올 때부터 퇴장할 때까지 인사하는 모습, 자리에 앉아 있는 모습, 말하는 모습 등을 통해 평가한다.

비전과 가치관 평가는 인성 평가와 마찬가지로 임원들이 개별 또는 집단 면접 방식으로 진행한다. 면접관은 주로 지원 동기와 입사 후 포부에 대한 질문을 통해 지원자가 자신의 미래를 얼마나 구체적으로 그리고 있는지, 비전을 실현하기 위해 어떤 노력을 하고 있는지 평가한다. 또 생활신조에 대한 질문을 통해 가치관을 평가한다. 가치관과 관련한 질문은 정해진 정답이 없기 때문에 왜 그런 가치판단을 하게 됐는지 합리적인 근거를 제시하는 것이 중요하다. 비전과 가치관 평가에서 높은 점수를 받으려면 자신의 비전과 가치관이 기업의 비전 및 핵심가치와 연계성이 높다는 것을 강조해야 한다.

면접관은 지원자가 화려한 스펙으로 1차 역량 적합성 평가에서 높은 점수를 받았다고 하더라도 인성과 비전, 가치관에 문제가 있으면 떨어뜨린다. 면접 당락에 가장 큰 영향을 미치는 사람이 조직 적합성을 평가하는 임원임을 잊지 말자. 임원들은 지원자들과 세대가 다른 분들이다. 끼와 기발함으로 면접에서 승부하려고 하지 말자. 튀는 것보다 차분하게 자신의 생각을 조리 있게 말하는 것이 낫다.

조직 적합성 평가 주요 질문

성격에 관한 질문

- 본인의 가장 큰 장점은 무엇입니까? 본인의 가장 큰 단점은 무엇입니까?
- 본인이 다른 사람들과 구별되는 가장 큰 특징은 무엇입니까?
- 친구들은 당신을 어떻게 평가합니까?
- 스트레스는 어떻게 풉니까?

비전에 관한 질문

- 우리 회사에 지원한 동기가 무엇입니까?
- 우리 회사에 대해 아는 것들을 모두 말해보세요.
- 우리 회사가 왜 당신을 뽑아야 합니까?
- 우리 회사에 불합격한다면 어떻게 하겠습니까?
- 우리 회사 말고 지원한 다른 회사들은 어디입니까?
- 5년 뒤, 10년 뒤 자신이 어떤 모습일 거라고 생각합니까?
- 직장생활을 통해 달성하고 싶은 목표는 무엇입니까?
- 입사하게 된다면 우리 회사에서 어떤 일을 하고 싶습니까?
- 입사하게 된다면 어떤 부서에서 일을 하고 싶습니까?

가치관에 관한 질문

- 본인의 인생관(직업관)에 대해 말해보세요.
- 삶에서 가장 중요한 것은 무엇이라고 생각합니까?
- 본인에게 직장생활은 어떤 의미가 있습니까?
- 일의 과정이 중요합니까, 결과가 중요합니까?
- 상사가 공휴일에 출근하라고 하면 어떻게 하겠습니까?

- 상사가 퇴근 후에 일을 시키면 어떻게 하겠습니까?

- 지방으로 발령이 나서 가족과 떨어져 지내야 한다면 어떻게 하겠습니까?

- 회사 경영상태가 나빠져서 연봉이 삭감된다면 어떻게 하겠습니까?

- 가장 존경하는 인물은 누구입니까? 왜 그 분을 존경합니까?

- 최근 가장 감명 깊게 읽은 책은 무엇입니까?

- 자주 방문하는 인터넷 사이트는 어디입니까?

- 본인이 가장 좋아하는 인간형과 가장 싫어하는 인간형은 무엇입니까?

- 오늘 아침 신문을 봤습니까? 어떤 기사가 가장 기억에 남습니까?

+ 기업분석으로 적합성을 높여라

2장의 조직문화 구성요소인 기업의 경영이념, 핵심가치, 인재상을 파악하는 것은 면접 시 조직 적합성 평가요소인 인성, 비전, 가치관 및 역량 적합성 평가요소인 공통 역량을 충족시키는 것과 연관성이 매우 높다. 기업에 대한 행동 양식 분석도 면접 시 조직 적합성 평가요소인 인성 및 가치관과 밀접한 관련이 있다.

특히 기업의 인재상 파악은 면접 시 조직 적합성과 역량 적합성 평가요소를 모두 만족시키는 데 있어 필수라는 것을 잊지 말자. 3장의 경영환경 분석은 면접 시 조직 적합성 평가요소인 비전과 역량 적합성 평가요소인 직무 역량을 파악하는 데 직접적인 도움이 된다. 4장 기업의 요구역량 분석의 경우 면접 시 역량 적합성 평가요소인 공통 역량, 직무 역량, 리더십 역량과 직결되기 때문에 지원자가 면접장에서 기업이 원하는 역량을 제대로 선보이기 위해서는 체계적인 분석이 뒷받침되어야 한다는 것을 명심하자.

앞선 2, 3, 4장의 실습템플릿을 통해 지원 기업의 조직문화, 경영환경, 요구 역량을 분석하고 면접 평가요소와의 연관성을 파악했다면, 이제 면접장에서 떨지 않고 응용하는 일만 남았다.

[표 7–2] 기업분석과 면접 평가요소 간 연관성

면접 평가요소 / 기업분석		역량 적합성			조직 적합성		
		공통 역량	직무 역량	리더십 역량	인성	비전	가치관
조직문화	경영이념	매우 높음	높음	높음	매우 높음	매우 높음	매우 높음
	핵심가치	매우 높음	높음	높음	매우 높음	매우 높음	매우 높음
	인재상	매우 높음	매우 높음	매우 높음	매우 높음	매우 높음	매우 높음
	행동양식	높음	높음	높음	매우 높음	높음	매우 높음
경영환경		높음	매우 높음	보통	낮음	매우 높음	낮음
요구역량	공통 역량	매우 높음	보통	보통	높음	높음	높음
	직무 역량	보통	매우 높음	보통	보통	높음	보통
	리더십 역량	보통	보통	매우 높음	높음	보통	높음

3 면접, 유형별로 제대로 준비하자

+ 개인 면접

면접관 한 명이 지원자 한 명을 일대일로 면접하는 유형이다. 주로 외국계 투자은행이나 경영컨설팅 회사처럼 간헐적으로 소수 인원만을 채용하는 기업에서 개인 면접을 실시한다.

면접은 일반적으로 질의응답 식으로 진행된다. 특히 문제해결력이 직무수행의 핵심인 경우, 논리적 사고와 문제해결력을 평가하는 질문을 던진다. 예를 들면 "내년에 국내 자동차 회사가 생산한 중형자동차는 유럽 시장에서 몇 대가 팔리겠습니까?"와 같이 다소 황당한 질문을 던지고 지원자가 문제를 어떻게 해결하는지 그 과정을 평가한다. 평소 복잡하게 얽혀 있는 현상 속에서 사실과 패턴을 찾는 논리적 사고 훈련을 하면 이와 같은 면접 유형에 대비할 수 있다.

+ 개별 면접

다수의 면접관이 지원자 한 명을 면접하는 유형이다. 비교적 짧은 시간 다양한 각도에서 지원자를 심층적으로 평가할 수 있기 때문에 기업들이 선호한다. 보통 인성 면접은 3~4명의 임원들이 면접관으로 참여하고, 역량 면접은 과·차장급 중간관리자 4~5명이 면접관으로 참여한다. 특히 프레젠테이션 면접을 개별 면접 방식으로 진행하는 경우가 많다. 개별 면접은 집단 면접에 비해 다양하고 상세한 질문이 이어지므로 전공 분야에 대한 전문적인 지식을 갖추고 있어야 한다.

또한 면접관의 질문에 "네", "아니오"로만 대답한다든가 단답형으로 답변하는 것은 좋지 않다. 무성의하게 보일 뿐만 아니라 입사에 대한 의지가 없는 것으로 여겨진다. 한 개 질문당 1분을 넘기지 않는 선에서 결론을 간결히 말하고 그에 대한 근거를 개인적인 경험이나 구체적인 사례를 붙여 설명하자. 필요 이상으로 답을 길게 하는 것도 좋지 않다.

+ 집단 면접

다수의 면접관이 다수의 지원자를 동시에 면접하는 유형이다. 면접 응시자들이 많은 대기업에서 주로 채택하고 있다. 면접관들은 동일한 질문에 대한 지원자들의 대답을 비교함으로써 자연스럽게 상대 평가를 한다. 그렇다고 지나친 경쟁의식으로 다른 지원자들을 경계하는 듯한 경직된 자세를 보이는 것은 바람직하지 않다. 면접이 끝날 때까지 가벼운 미소를 유지하고 면접관과 다른 지원자들의 질의응답도 고개를 가볍게 끄덕이며 경청하는 태도를 보이는 것이 중요하다.

면접관 중 한 명이 자신에게 질문하기 위해 이름을 부르면 "네"라고 경쾌하게 대답하고 이름을 부른 면접관과 눈을 맞추도록 한다. 시선은 질문한 면접관을 응시하더라도 대답은 모든 면접관들이 들을 수 있도록 목소리 톤을 약간 높이는 것이 좋다.

다대다 면접이기 때문에 같은 질문에 다른 지원자들이 대답을 더 잘하는 것 같으면 불안해지기도 할 것이다. 특히 자신이 가장 먼저 질문에 대답한 경우 더욱 그렇다. 물론 면접관들의 질문에 먼저 대답하면서 모두가 고개를 끄덕일 만한 답변을 한다면 더할 나위 없이 좋을 것이다. 그러나 첫 답변에서 완벽한 해답을 내놓는 것은 쉽지 않다. 자신보다 대답을 준비할 시간적 여유가 더 많았던 지원자들이 더 풍부한 답변을 하는 것은 어찌 보면 당연하다 여기고 절대 주눅 들지 말자. 질문이 하나로 끝나는 것은 아니기 때문에 패기 넘치는 태도로 끝까지 최선을 다하는 것이 중요하다.

또 마지막에 대답해야 하는 경우에는 이미 다른 지원자들이 좋은 답변들을 냈을 때 자신이 더 나은 대답을 해야 한다는 심리적 압박을 받기도 한다. 특히 자신이 생각하고 있던 답변을 다른 지원자가 먼저 답했을 경우 당황할 수 있다. 세상에 오롯이 새로운 해법이란 찾기 어려운 법이다. 이럴 때는 침착함을 유지하며 다른 지원자의 의견을 수용하고 조금 더 진전된 방안과 색다른 사례를 보태는 것이 좋다. 레드오션 속에서 블루오션을 창출하는 이른바 '퍼플오션' 전략이 면접에서도 활용될 수 있다.

+ 토론 면접

다수의 면접관이 다수의 지원자를 동시에 면접하는 유형의 일종이다. 집단 면접이 질의응답 형식으로 이뤄지는 데 반해, 토론 면접은 특정 주제에 대해 지원자들끼리 찬반을 나눠 토론하는 형식으로 진행된다. 토론 주제는 경제 관련 이슈부터 정치·문화 이슈까지 다양하다. 토론 진행은 면접관이 할 수도 있고, 지원자들 가운데 한 명이 사회자 역할을 맡아 진행할 수도 있다. 면접관들은 전공 지식보다는 커뮤니케이션, 논리적 사고, 설득력, 판단력, 조직융화력,

대인관계능력을 중점적으로 평가한다.

토론 면접에서는 다른 지원자들이 발언할 때 진지하게 경청하는 모습을 보이도록 한다. 필기도구를 사용할 수 있다면 타인의 발언을 메모하며 적극적인 경청 태도를 보이는 것이 좋다. 아무리 다른 지원자의 논리가 빈약하다 하더라도 상대방의 말을 끊거나 무시하는 듯한 태도를 보이는 것은 금물이다. 또 다른 지원자가 자신의 의견에 반론을 제시했을 때 싫은 내색을 하거나 불쾌한 감정을 드러내지 않도록 주의한다. 흥분하면 탈락이다.

토론 면접에서 누가 정답을 말하느냐는 중요하지 않다. 토론에 임하는 태도가 중요하기 때문에 자신과 의견이 다른 지원자와 감정적인 대립 관계를 형성해서는 결코 좋은 점수를 받을 수 없다. 토론에 참여하는 지원자들이 함께 문제를 풀어가는 동반자라는 인식을 가져야 한다. 혼자 튀려고 애쓰지 말고 협력해 결론을 이끌어내는 팀워크를 보이도록 하자. '모난 돌이 정 맞는' 곳이 기업이다. 기업은 한 명의 천재를 원하지 않는다. 때문에 면접관들은 토론 과정을 통해 조직융화력과 대인관계능력을 중점적으로 평가한다.

그렇다고 우유부단한 태도를 보여서도 안 된다. 말없이 가만히 앉아 있거나 주제에서 벗어난 주장을 하는 것도 커다란 감점 요인이다. 자신의 논지를 명확히 유지하면서 다른 지원자들의 주장에 귀 기울이는 태도를 보여야 한다. 다른 지원자의 말에 찬성할 때에는 어떤 면에서 찬성하는지 구체적으로 언급한다. 다른 지원자의 의견에 반대할 때에는 일단 수긍하는 점에 대해 언급한 후 반론을 펼친다. 예를 들어 "K씨가 말씀하신 OOO에 대해서는 저도 공감합니다. 그렇지만 OOO점에도 볼 때, 이렇게 생각해볼 수도 있습니다"와 같이 논리정연하게 말한다. 구체적인 수치와 자료들을 외워두었다가 토론 과정에서 활용한다면 더욱 이성적이고 논리적으로 비칠 것이다.

+ 합숙 면접

다수의 면접관이 다수의 지원자를 합숙기간에 동시 면접하는 유형이다. 면접관들은 지원자들과 함께 일정 기간 특정한 장소에서 숙식하면서, 조직적응력과 팀워크, 열정, 도전정신, 대인관계능력, 커뮤니케이션, 판단력, 리더십, 문제해결력 등을 다양하게 관찰하고 평가한다. 지원자들의 스펙과 실력이 비슷해 면접장 면접만으로는 우열을 가리기 힘든 경우가 많기 때문에, 기업은 합숙 면접을 통해 지원자의 일거수일투족을 관찰하면서 다각도로 평가하는 것을 선호한다.

합숙 면접 과정에서 토론 면접이나 개별 면접과 같은 역량 평가가 포함되는 경우도 많다. 생활태도 또한 비중 있게 평가되기 때문에 합숙 면접에서는 항상 신중하게 생각하고 행동해야 한다. 특히 조별 과제가 주어질 경우 다른 지원자들과 함께 공통의 문제를 해결하기 위해 리더십을 발휘하면서도 협력하는 모습을 보여야 한다. 면접관들은 과제의 결과물보다 과제를 수행하는 과정에서 자연스럽게 보이는 지원자들의 성격과 행동, 태도 등을 개인별로 평가한다. 다른 지원자들을 인정하고 배려하며 긍정적인 표현을 통해 팀워크를 촉진하는 모습을 보여줄 때 좋은 평가를 받을 수 있다.

합숙 면접 중에 장기자랑 등 오락 시간을 마련하는 경우도 있다. 오락 시간에 무슨 평가가 이뤄지겠나 싶겠지만 평가는 분명 계속된다. 조별이나 개별 장기자랑을 준비해야 한다면, 튀는 것은 좋지만 절대 오버해서는 안 된다. 또 합숙 기간 내에 시간 엄수는 철칙이다. 특히 합숙 다음날 늦잠을 잔다거나 정해진 일정에 늦는다면 면접관은 가차 없이 해당 지원자를 떨어뜨릴 것이다.

+ 영어 면접

일반적으로 영어 면접은 개별 면접이나 집단 면접 방식으로 진행된다. 기업은 지원자의 영어구사 능력을 평가하고 이력서에 기재한 영어성적이 맞는지 확인하기 위해 영어 면접을 실시한다. 영어 면접을 시행하는 기업들 중에는 원어민이 면접관으로 직접 참여하는 곳도 있고 프레젠테이션 면접을 영어로 진행하는 기업도 있다.

지원자 입장에서는 영어가 모국어가 아닌 이상 영어 면접이 부담스러울 수밖에 없다. 다른 지원자들도 자신과 비슷한 입장이라고 생각하고 자신감을 갖자. 단기간에 영어구사 능력을 향상시킬 수 없다면 영어 면접에 자주 나오는 예상 질문에 대한 답안을 작성해서 암기하는 것이 효과적이다. 답을 외우고 면접에 임하면 마음이 훨씬 편안해진다. 문법에 맞춰 완벽한 문장을 구사하려고 애쓰기보다 정확하게 의미를 전달하도록 노력해야 한다. 지원 분야에서 자주 사용하는 영어 표현을 알아두는 것도 큰 도움이 된다.

영어 면접 주요 질문

자기소개

- Describe yourself stressing the personal characteristics.

  (당신의 개인적인 특성에 대해 설명해보세요.)

- Name three words or phrases to describe yourself to others.

  (다른 사람들에게 당신을 설명할 수 있는 세 가지 단어나 문구를 말해보세요.)

- Who is the most important person in your life?

  (당신의 삶에 가장 중요한 사람은 누구입니까?)

- Tell me about your career path. Explain your resume in detail.

  (당신의 경력사항에 대해 말해보세요. 이력서에 작성한 내용을 자세히 말해보세요.)

지원 동기

- How did you find out about our company?

  (우리 회사를 어떻게 알게 됐습니까?)

- Why do you choose our company?

  (우리 회사를 선택한 이유가 무엇입니까?)

입사 후 포부

- Please describe your short term goals.

  (당신의 단기적인 목표에 대해 말해보세요.)

- Please describe your long term goals.

  (당신의 장기적인 목표에 대해 말해보세요.)

- If you were the CEO, What would you do first?

  (당신이 만일 최고경영자라면 무슨 일을 가장 먼저 하고 싶습니까?)

성장과정

- What was the most embarrassing moment to you?

  (살면서 가장 당혹스러웠던 일은 무엇이었습니까?)

- Why did you choose your undergraduate major?

  (학부 전공을 선택한 이유는 무엇입니까?)

- Of what academic awards or achievements are you particularly proud?

  (특별히 자랑할 만한 학업 성과나 수상 경험은 무엇입니까?)

장점과 단점

- What are your strengths?

  (당신의 장점은 무엇입니까?)

- What are the strengths or characteristics that have driven your success thus far?

  (지금까지 당신의 삶을 성공적으로 이끌어준 장점 또는 특성들은 무엇입니까?)

- What are your weaknesses?

  (당신의 단점은 무엇입니까?)

과외활동과 취미

- What is an activity you are involved in? Why is it important to you?

  (당신이 참여하고 있는 활동은 무엇입니까? 왜 그 활동이 당신에게 중요합니까?)

- Outside of work, how do you engage yourself?

  (업무 외에 당신은 어떤 활동에 참여하고 있습니까?)

- What are your hobbies?

  (당신의 취미는 무엇입니까?)

- What books have you read recently and what impressed you?

  (최근에 읽은 책은 무엇입니까? 어떤 감동을 받았습니까?)

성취 경험

- Give an example of a time where you made an impact in your professional or academic life.

  (당신이 학업이나 직장에서 중요한 일(역할)을 했던 사례를 말해보세요.)

- What do you take pride in your accomplishments?

  (당신이 성취한 일들 중 자랑스럽게 생각하는 일은 무엇입니까?)

- How do you define success?

  (성공이 무엇인지 정의해보세요)

실패 경험

- What is the most frustrating thing in your life?

  (당신의 삶에서 가장 심하게 좌절한 경험은 어떤 것입니까?)

- How do you define failure in life?

  (삶에서 실패가 무엇인지 정의해보세요.)

생활신조

- I want to know about you as a person, and your values, and beliefs.

  (당신이 어떤 사람인지, 어떤 가치와 믿음을 갖고 있는지 알고 싶습니다.)

- What do you think is the most important things(values) in your life and why?

  (당신의 삶에서 가장 중요한 것은 무엇인가요? 그 이유는 무엇인가요?)

궁금한 사항 질문

- Is there anything you would like to ask me?

  (궁금한 사항이 있습니까?)

- Anything you want to talk about?

  (더 하고 싶은 말이 있습니까?)

+ 프레젠테이션 면접

다수의 면접관이 지원자 한 명을 면접하는 유형으로 지원 분야별 3~5명의 실무진 앞에서 지원자가 프레젠테이션 하는 형식으로 진행된다. 프레젠테이션 면접은 주로 직무 역량을 평가하기 위해 실시된다. 즉 프레젠테이션 면접을 통해 전공지식, 전략적 사고, 논리적 사고, 문제해결력, 프레젠테이션 스킬 등을 종합적으로 평가한다.

일반적으로 프레젠테이션 면접은 다음과 같이 진행된다. 대기실에서 면접 진행요원이 지원자에게 프레젠테이션 과제가 인쇄된 종이와 관련 자료들, 필기구를 나눠주고 20~40분가량 준비 시간을 준다. 이후 면접장에 입장해 10분 내외로 프레젠테이션을 하고 나면 면접관들이 질문을 하고 지원자가 답변하는 형태로 진행된다. 프레젠테이션 과제는 주로 경영전략이나 시장 분석과 같이 기업의 경영환경과 관련한 이슈나 지원 분야의 직무 또는 전공 분야와 관련한 전문지식에서 출제된다. 이 책의 2, 3, 4장에서 제시한 대로 기업분석을 철저히 하고 전공과 관련한 지식을 충분히 쌓는다면 프레젠테이션 면접 시 큰 도움이 될 것이다.

프레젠테이션 면접에서 좋은 평가를 받으려면 프레젠테이션 과제를 정확히 이해하고 발표해야 한다. 때문에 면접 진행요원이 프레젠테이션 과제와 함께 배포한 자료의 내용을 정확히 분석해야 한다. 면접장에서 나눠준 자료를 토대로 프레젠테이션을 하라고 요구했는데도, 자료를 제대로 활용하지 않고 해결 방안을 도출하면 좋은 평가를 받기 어렵다. 자료 분석 또한 프레젠테이션 면접의 중요한 평가요소다. 자료를 분석한 후에는 과제의 해결방안을 논리적으로 주장해야 한다. 평소에 이슈를 도식화하는 연습을 많이 해보면 문제를 논리적으로 푸는 데 도움이 된다.

또 프레젠테이션 면접에서는 발표 내용뿐만 아니라 발표 태도, 즉 프레젠테이션 스킬도 함께 평가한다. 프레젠테이션 스킬에 대해서는 뒤에서 자세히 설명하도록 하겠다.

Self Questioning **당신은 면접에서 스타가 될 수 있는가?**

모든 면접 유형에서 사용되는 면접 기법이 있다. 바로 스타STAR 기법이다. STAR란 어떤 특정한 배경이나 상황Situation, 그 상황에서 맡은 역할이나 과업Task, 그 역할이나 과업을 수행하기 위한 행동Action, 그 행동으로 인한 변화나 성과Result를 순차적으로 묻는 면접 기법이다.

개별 면접이든 집단 면접이든 프레젠테이션 면접이든 어떤 면접에서든 면접관은 STAR 기법으로 지원자의 대답을 집요하게 파고들며 평가한다. 이렇게 파고드는 이유는 논리력과 커뮤니케이션 역량을 보다 정확히 평가하기 위해서다. 또한 대답이 사실인지 여부를 파악하기 위해 STAR 기법을 사용한다. 실제로 타인의 자기소개서를 베꼈거나 거짓으로 작성한 지원자들은 면접관이 STAR 기법으로 질문했을 때 앞뒤가 다른 말을 해서 불합격하는 경우가 많다. 취업에 성공하려면 자신의 스토리를 정직하게 자기소개서에 기술하고, 기술한 내용을 면접에서 논리적으로 답해야 한다.

면접에서 STAR가 되려면, 자기소개서를 작성할 때부터 면접관이 궁금할 만한 것들을 질문하도록 만드는 기술이 필요하다. 즉 면접관의 질문을 유도하는 기술이다. 이렇게 하면 면접관이 STAR 기법으로 질문할수록 자신의 스토리를 더욱 효과적으로 전달할 수 있다. 이것은 면접이라는 '게임판'을 면접관 주도에서 지원자 주도로 바꾸는 결과를 가져온다. 면접 형세를 바꿀 때 당신은 면접에서 스타가 될 수 있다.

4 예행연습이 당락을 결정한다

+ 면접 전날까지 준비해야 할 것들

서류전형을 통과한 날부터 면접 전날까지 면접 예상 질문 목록을 만들어 실전과 같이 면접 연습을 반복해야 한다. 면접은 준비한 만큼 성과를 보인다. 실전에서 큰 효과를 발휘하는 면접 연습 방법은 다음과 같다.

첫 번째 방법은 가족들의 도움을 받는 것이다. 예를 들어 부모님이 면접관 역할을 맡아 거실 소파에 앉아서 예상 질문 리스트의 질문을 하면, 자신은 소파 정면에서 2~3미터 정도 떨어진 곳에 등받이 의자를 놓고 앉아 실전처럼 대답하는 것이다. 가족들과 연습한 후에는 꼭 피드백을 받도록 하자. 연습장면을 동영상으로 찍어 답변할 때 자신의 말투나 버릇을 점검해보는 것도 큰 도움이 된다. 머리를 긁는다든가 다리를 떠는 행위와 같이 은연중에 나타나는 버릇도 발견할 수 있다. 면접관과 비슷한 연배의 부모님이 보기에 안 좋은 버릇은 면접관이 보기에도 안 좋다.

두 번째 방법은 지원 기업 서류전형에 합격한 사람들과 면접 스터디를 구성해 연습하는 것이다. 스터디 구성원들이 돌아가면서 면접관과 지원자의 역할

긴장하지 말고
긍정적인 마인드로

을 맡으면 효과적이다. 스터디를 통해 면접관 역할을 해보면 어떻게 대답하는 것이 면접관에게 좋은 인상을 주는지 경험해볼 수 있다.

세 번째 방법은 이미지 트레이닝이다. 이미지 트레이닝은 면접 중에 일어날 수 있는 일들을 머릿속에 그려보면서 필요한 답변과 동작을 익히고, 면접을 성공적으로 마치고 퇴장하는 자신의 모습을 상상하는 훈련이다. 이미지 트레이닝은 자신을 믿고 긍정적인 이미지를 눈앞에 보듯이 그릴 때 그 효과가 크게 나타난다. 면접장으로 이동하는 길, 면접장에서 자신의 순서를 기다리는 중에도 이미지 트레이닝은 긴장감을 덜고 긍정적인 마인드를 유지하는 데 큰 도움을 줄 수 있다.

면접 전날은 면접 당일을 위해 최적의 상태를 유지하는 것이 중요하다. 면접 전날 컨디션은 면접 당일에 큰 영향을 끼친다. 때문에 면접 전날 절대 금주와 충분한 수면은 기본 중의 기본이다. 면접 전날에는 면접 당일 입고 갈 정장과 셔츠, 구두 등 복장 상태를 미리 점검한다. 또 자신이 이용할 교통수단과 집에서 면접장까지 걸리는 시간을 미리 파악해둔다. 면접 장소와 면접 시간도 다시 한 번 확인하고 면접 당일 제출해야 할 서류도 꼼꼼히 체크한다.

+ 면접 당일 준비해야 할 것들

면접 당일에는 평소보다 30분 정도 일찍 일어나 여유롭게 면접장으로 출발한다. 집을 나서기 전, 복장과 제출서류를 최종 점검하는 것은 필수다. 면접장에는 최소한 20분 전에 도착할 수 있도록 시간을 맞춰 출발한다. 어떤 이유에서건 지각은 금물이다. 또 면접장 위치를 찾지 못해 기업에 전화를 걸어 물어보는 경솔한 행동을 하지 않도록 한다. 휴대폰은 면접을 보는 기업 출입문에 들어서기 전에 꺼야 한다.

5 빈틈없는 복장과 몸가짐을 갖추라

+ 복장이 면접의 승패를 좌우한다

복장은 면접 시 첫인상을 좌우한다. 첫인상은 면접 끝날 때까지 영향을 미친다. 면접은 기업을 대표하는 면접관과 직접 대면하는 공식적인 자리인 만큼 면접 안내문에 별다른 언급이 없더라도 단정하고 깨끗한 정장을 입도록 한다. 실제로 서류전형에서 높은 평가점수를 받고도 면접 때 옷차림 때문에 탈락한 지원자들이 있다. 한 지원자는 개성을 드러내기 위해 청바지를 입고 면접을 봤다가 청바지 때문에 떨어졌다.

신입사원 연수과정에서 복장과 몸가짐에 대한 기본교육이 빠지지 않는 것은 기업이 얼마나 이를 중요하게 여기는지 방증하는 것이다. 반드시 면접 전 깨끗한 정장을 구김이 없도록 다림질해 준비하고 구두도 깔끔하게 닦아두도록 하자. 비싼 옷을 입는 것이 중요한 것이 아니라 깔끔한 복장으로 면접관에게 예의를 지키는 것이 중요하다.

남성 복장

• 정장

정장은 단정하고 신뢰감을 줄 수 있는 진한 감색이나 짙은 회색 계통을 선택한다. 몸에 달라붙는 정장은 피하도록 한다. 정장 주머니엔 아무것도 넣지 않는다. 지갑과 휴대폰 등 소지품은 미리 준비한 가방에 담아 보관하자.

• 셔츠

셔츠는 흰색이 가장 무난하며, 옅은 푸른색 계열도 정장 색상과 어울린다면 괜찮다. 셔츠 소매는 정장 재킷 소매보다 1~1.5㎝ 정도 길어 자연스럽게 팔을 내렸을 때 셔츠 소매가 재킷 소맷부리에서 살짝 보이는 정도가 좋다. 날씨가 덥다고 반팔 셔츠를 입고 면접장에 가는 지원자가 간혹 있는데 정장에는 긴팔 셔츠를 입는 것이 에티켓이다. 또한 셔츠를 정장 바지 밖으로 빼서 입으면 안 된다. 셔츠의 플래킷은 벨트의 버클과 가운데 정렬이 돼 있어야 한다.

• 넥타이

넥타이는 삐뚤어지지 않게 빈틈 없이 맨다. 무늬가 화려한 넥타이는 피하는 것이 좋다. 색상은 깔끔한 인상을 줄 수 있는 파스텔 계열이 무난하다. 길이는 벨트의 버클을 살짝 덮을 수 있도록 맞춘다.

• 구두와 양말

구두는 정장 색상에 맞춰 단순한 디자인의 검정색이 무난하다. 면접 전날 구두약으로 깨끗이 닦아 광택이 나도록 한다. 양말은 정장 색상에 맞춰 검정색이나 감색이 무난하다. 면접을 볼 때 의자에 앉으면 바짓단이 올라가 양말이 잘 보이므로 흰색이나 무늬가 화려한 양말은 피해야 한다.

• 머리모양

머리모양은 머리카락이 귀를 덮지 않는 짧은 스타일이 단정해 보이고 좋다. 머리카락이 짧아서 삐죽삐죽 선다면 젤이나 무스로 정돈한다. 수염과 코털, 눈곱, 귓밥, 손톱 등은 깔끔하게 정리하여 청결한 인상을 주도록 한다. 특히 면접장에 들어가기 전 화장실에서 머리를 다시 빗는 경우, 정장 상의에 하얀 비듬이 떨어져 면접관에게 불쾌감을 주는 경우도 있으니 주의하자.

• 기타

목걸이나 귀고리, 팔찌와 같은 액세서리는 착용하지 않는다.

여성 복장

• 정장

정장은 남성과 마찬가지로 신뢰감을 줄 수 있는 진한 감색이나 짙은 회색 계통을 선택한다. 스커트 정장인 경우 H라인 스커트가 무난하며 스커트의 길이는 무릎 선까지 오는 것이 좋다. 몸에 달라붙는 치마나 바지 정장은 피하도록 한다.

• 블라우스

블라우스는 흰색이 가장 무난하며, 세련된 이미지를 연출할 수 있는 푸른색 계열의 색상도 괜찮다. 단 속살이 비치는 블라우스나 화려한 장식의 블라우스는 입지 않는다. 블라우스 소매는 정장 재킷 소매보다 1~1.5cm 정도 길어 자연스럽게 팔을 내렸을 때 블라우스 소매가 재킷 소맷부리에서 살짝 보이는 정도가 좋다. 블라우스는 절대 스커트나 바지 밖으로 빼내어 입지 않는다.

• 구두

구두는 검정색이 가장 무난하며, 앞코가 막혀 있어 발가락이 보이지 않는 것이 좋다. 또한 장식이 화려한 구두는 피하고 구두약으로 미리 깨끗이 닦아 광택이 나도록 한다. 굽의 높이는 3~6cm가 적당하다.

• 머리모양

머리모양은 잔머리가 나오지 않는 단발이거나 단정하게 뒤로 묶은 포니테일 스타일이 좋다. 자신만의 개성을 연출하기 위해 염색을 진하게 하거나 웨이브를 강하게 한 헤어스타일은 오히려 면접관들에게 거부감을 준다.

• 화장

화장은 얼굴뿐만 아니라 목까지 자연스럽고 밝은 이미지가 연출될 수 있도록 가볍게 한다. 너무 진한 화장은 면접관들에게 부담을 줄 수 있다.

• 기타

스타킹은 피부색보다 약간 진한 커피색이 무난하며, 면접장으로 이동하는 과정에서 올이 나가거나 찢어지는 경우가 있기 때문에 반드시 여분의 스타킹을 준비하도록 한다. 면접관의 시선을 분산시키는 화려한 목걸이나 귀고리, 팔찌와 같은 액세서리는 착용하지 않는다. 귀에 달라붙는 작은 귀고리 정도는 괜찮다. 향수를 강하게 뿌리면 면접관에게 거부감을 줄 수 있으므로 주의하자. 손톱은 깔끔하게 정리하고 진한 색상의 매니큐어는 피한다.

백전불패
전략은 태도다

+ 대기 시 태도

대기실로 들어가는 순간부터 이미 면접 평가가 시작됐음을 명심하자. 대기실에 면접관이 없다고 휴대폰으로 문자 메시지를 보내거나 다른 지원자들과 잡담하는 행동을 하면 안 된다. 대기실에서 화장을 고치는 행동도 삼가야 한다. 꼭 화장을 고쳐야 한다면 면접 진행요원에게 양해를 구하고 화장실에 가서 고치도록 하자. 대기실에서 오래 기다리다 보면 자신도 모르게 긴장이 풀려 자세가 흐트러지기도 하는데, 간혹 기업들 중에는 지원자의 긴장 풀린 모습을 관찰하기 위해 일부러 대기 시간을 길게 주는 경우도 있다. 또 잘 보이지 않는 천장 구석의 CCTV로 지원자의 행동을 관찰하면서 '진짜 모습'을 평가하기도 한다.

대기실에 아무도 없다고 절대 방심하지 말자. 대기실에서는 차분한 마음으로 자리에 앉아 자신의 면접 순서가 될 때까지 이미지 트레이닝을 하며 예상 질문에 대한 답변 내용들을 정리하도록 한다.

+ 입장 시 태도

첫인상이 좋으면 좋은 분위기에서 면접을 치를 확률이 높다. 면접관들은 지원자가 면접장의 문을 열고 들어가는 순간부터 보행 태도, 인사하는 자세 등을 평가한다. 그러므로 입장할 때는 살며시 미소 띤 얼굴로 자신있게 걸어 들어가도록 한다. 면접장 문이 닫혀 있는 경우, 2~3회 노크를 하고 문을 연 다음 다시 문을 닫는다.

입장 후 바로 면접관들에게 허리를 35~40도 정도 굽혀 정중하게 인사한 후 자신의 수험번호와 성명을 또박또박 말한다. 이때 시선은 자신의 정면 방향에 있는 면접관 미간 정도에 두는 것이 좋다. 면접관이 의자에 앉으라고 하기 전까지는 의자에 앉지 않고 대기한다. 면접관이 의자에 앉으라고 하면 "감사합니다"라고 말한 뒤 의자에 조용히 앉는다.

집단 면접인 경우 면접장에 들어간 뒤 지원자들이 모두 지정된 의자 앞에 선 후, 지원자 중 한 명의 신호에 따라 다 같이 인사하면 된다. 한 명씩 입장하면서 따로 인사하면 인사를 받는 면접관은 여간 번거로운 게 아니다.

+ 면접 시 태도

면접 중 의자에 앉아 있을 때에는 등을 곧게 편 바른 자세를 유지한다. 의자 등받이에 등을 완전히 기대면 거만한 인상을 줄 수 있으므로 등받이에서 등이 약간 떨어지도록 앉는다. 남성은 다리를 어깨 넓이보다 약간 좁게 벌려 발끝이 정면을 향하도록 하고, 여성은 양 무릎을 붙여 다리와 발이 서로 벌어지지 않도록 한다. 한번 고정한 다리는 면접이 끝날 때까지 움직이지 않는다.

남성은 손을 달걀 잡듯이 살짝 오므려서 무릎 위에 놓고 여성은 두 손을 살포시 포개어 무릎 위에 놓는다. 특별히 제스처를 사용해야 될 때가 아니면 손을 움직이지 않도록 한다. 긴장해서 무의식적으로 손을 기도하듯이 모으거나 다리를 흔드는 지원자들이 있는데, 이런 모습은 면접관에게 좋지 않은 인상을 주게 된다. 혹시 자신에게 이런 버릇이 있지 않은지 면접 준비과정에서 미리 확인하고 면접 전에 고치도록 한다.

면접 중 시선은 면접관의 눈이 아닌 미간을 향하도록 하자. 면접관이 자신에게 질문할 때만 시선을 자연스럽게 이동해 면접관과 눈을 맞춘 후 대답 후엔 다시 면접관의 미간으로 이동하는 것이 좋다. 고개를 숙이거나 두리번거리는 행동도 삼가도록 하자. 면접관이 다수인 경우에는 자신의 정면에 앉은 면접관의 미간을 보고 있다가 다른 면접관이 질문할 때 그 면접관에게 시선을 이동해 눈을 마주치도록 한다.

+ 퇴장 시 태도

퇴장할 때의 걷는 자세와 인사하는 태도도 점수에 반영된다는 것을 잊지 말자. 면접이 끝나면 의자에서 일어나 "감사합니다"라고 정중하게 인사한 뒤 퇴장한다. 의자가 비뚤어졌으면 원래대로 정리하고 입장할 때와 마찬가지로 자신감 있는 모습으로 걸어 나간다. 만약 면접장 문이 닫혀 있다면 조용히 문을 열고 나가서 조용히 문을 닫는다. 면접장뿐만 아니라 회사 건물을 완전히 벗어날 때까지 긴장을 늦추지 않는다. 기업들 중에는 회사 건물 앞까지 면접요원을 배치해놓고 지원자의 모습을 평가하는 곳도 있다.

7 본질을 꿰뚫는 답변은 따로 있다

+ 답변의 기본 자세를 지키라

면접 시 지켜야 할 답변 자세는 다음과 같다.

첫째, 면접관의 질문을 주의 깊게 듣는다. 면접관이 하는 말을 정확히 이해하지 못하면 제대로 된 답변을 할 수 없다. 답변한 내용이 아무리 듣기 좋은 말이라고 할지라도 질문의 핵심을 파악하지 못한 답변은 동문서답이 될 수밖에 없다. 질문을 이해하지 못했다면, "죄송하지만 다시 한 번 말씀해주시겠습니까?"라고 정중하게 요청하자. 물론 다시 질문하는 면접관은 지원자의 커뮤니케이션 능력에 의문을 표할 수도 있겠지만, 엉뚱한 대답을 한다면 아예 탈락하고 말 것이다. 또 면접관에게 최대한 예의를 갖춰 모든 질문에 신중히 대답해야 한다.

둘째, 재차 강조하지만 결론부터 간결하게 말한 뒤 논리적인 근거를 제시하자. 핵심적인 결론을 먼저 말해야 이어지는 내용을 면접관이 집중해서 듣는다. 결론에 대한 근거가 자신의 구체적인 경험과 연관이 있다면 더욱 좋은 평가를 받을 수 있다. 자신이 잘 아는 분야에 대한 질문을 받았다고 장황하게 설명하거나 잘난 척하는 태도를 보이지 말자. 면접관을 가르치려는 인상을 주는 것은 감점 요인이 된다.

셋째, 모범답안을 외워서 말하지 않는다. 사전 연습은 아무리 많이 해도 지나침이 없지만, 앵무새처럼 외워서 말하는 것은 결코 좋지 않다. 면접도 따지고 보면 대화의 한 형태이다. 대화를 외워서 하는 사람은 없을 것이다. 국어책을 읽듯이 답변하지 말고 중간 중간 억양의 변화를 주고 강조점을 두어가며 대화하는 것처럼 자연스럽게 답변하자.

넷째, 질문을 받자마자 바로 대답하지 않는다. 차분해 보이지 않을뿐더러 별 생각 없이 대답하는 것처럼 보인다. 2~4초 정도 진지하게 생각하는 듯한 인상을 준 후 자신감 있는 목소리로 천천히 또박또박 말한다. 부정적인 표현이나 비속어는 절대 사용하지 말고 정확한 어휘와 존칭어를 사용해 답변한다. 만약 면접관으로부터 질문을 받았을 때 갑자기 말문이 막힌다면 당황하지 말고 잠시 침묵을 지키며 호흡을 가다듬고 생각할 시간을 갖는 것도 괜찮다. 이때 생각할 시간이 조금 길어질 것이라 여겨질 때는 "잠시 생각할 시간을 주시겠습니까?"라고 면접관의 양해를 구하는 것도 좋다. 면접관은 당신의 대답을 듣는 데 급하지 않다. 단 생각할 시간을 갖기 위해 '어…', '음…' 식의 간투사를 쓰는 것은 자신감이 없어 보이므로 사용하지 않는다.

마지막으로 면접관의 심기를 건드리지 말자. 면접관은 일반적으로 자기소개서 내용을 토대로 질문을 한다. 그런데 지원자가 면접관에게 "제가 자기소개서에 쓴 내용을 잘못 이해하신 것 같은데……"와 같이 지적하듯 말을 한다면, 면접관의 심기는 언짢아진다. 물론 면접관도 사람인지라 자기소개서의 내용을 잘못 이해할 수도 있다. 설령 그렇다 하더라도 면접관이 오해한 것을 직설적으로 표현하는 것은 좋지 않다. 대신 "말씀하신 부분은 이런저런 의미로 작성한 것이었습니다"라고 간단히 설명한 뒤 질문에 대해 답을 하는 것이 바람직하다. 사실 이런 상황 대부분은 지원자가 자기소개서를 애매모호하게 써서 발생한다. 면접관의 오해를 불러일으키지 않으려면 자기소개서를 제출하기 전 의미가 불분명한 문장은 없는지 꼼꼼히 검토해야 한다.

+ 면접관의 질문 의도를 정확히 파악하라

면접관은 짧은 시간 내에 지원자의 당락 여부를 결정해야 한다. 때문에 별 의도 없이 기분 내키는 대로 질문을 던지지 않는다. 즉 면접관이 원하는 대답이 있다는 것이다. 면접을 시작할 때 면접관이 우스갯소리를 섞어가며 "지난 주말에 뭐 하셨어요?", "여기 올 때 뭐 타고 오셨어요?"와 같은 가벼운 질문을 할 때가 있다. 물론 긴장을 풀어주기 위한 질문일 수 있지만 목적을 가진 미끼 질문일 수도 있다. 예를 들어 "취미가 무엇입니까?"라는 질문은 정말 취미가 무엇인지 궁금해서 묻는 것이 아니다. 취미 활동을 통해 팀워크, 커뮤니케이션, 리더십과 같은 역량을 평가하기 위해서다. '독서'나 '음악 감상'과 같이 타인과 교류가 없는 취미보다 여러 사람들과 함께 협력해야 하는 스포츠나 레저 활동 등을 답변하는 것이 좋다.

면접관은 지원자를 무장해제시키고, 지원자가 답변을 준비하지 않았을 것 같은 질문을 던져 지원자의 진짜 모습을 파악하려고 한다. 예를 들어 지원자가 자기소개서에 기술한 생활습관이나 강·약점이 사실인지 확인하기 위해 "지난 주말에 뭐 하셨어요?"와 같은 가벼운 질문을 하는 것이다. 만약 자기소개서에는 성실함을 강조했는데 주말 내내 잠을 자고 텔레비전을 시청했다고 답한다면, 신뢰성에 치명타를 입은 채로 면접은 진행될 것이다. 이렇게 미끼 질문에 걸려들면 면접관은 자신의 판단을 확인하기 위해 몇 가지 추가질문을 한 후 불합격 처리로 면접을 마무리할 것이다. 면접관의 모든 질문에는 이유가 있다. 허점을 보이지 말고 긴장의 끈을 놓지 말자. 또한 면접관의 질문을 자의적으로 판단해서 경솔하게 대답하는 것도 탈락의 지름길이다.

+ 답을 모르는 질문에 대한 답변

답을 모르는 질문을 받았을 경우에는 3~5초 정도 기다렸다가 "죄송합니다. 잘 모르겠습니다"라고 솔직하게 말하자. 그리고 "앞으로 그 부분에 대해 정확히 알도록 노력하겠습니다"와 같이 겸손하게 말하도록 한다. 괜히 아는 척했다가 이미지에 치명적인 손상을 입는 수가 있다. 또 답을 모른다고 말끝을 흐리거나 입에서 중얼중얼거리지 않는다. 대답을 못한 것에 대해 주눅 들거나 불안해하는 모습을 보이는 것도 좋지 않다.

특히 곤란한 상황에 처했을 때 무의식적으로 혀를 앞으로 쭉 내밀거나 머리를 긁는 지원자가 있는데, 이런 태도는 질문에 답을 못한 것보다 더 안 좋은 인상을 준다. 면접관은 답변 태도를 보기 위해 일부러 답이 없는 질문을 던지기도 한다. 침착하게 대응하자.

+ 감정을 상하게 하는 질문에 대한 답변

간혹 면접관이 고압적인 태도로 얼토당토않은 이유를 들어 감정을 상하게 하거나, 말꼬리를 잡아 곤경에 빠뜨리는 경우가 있다. 주로 영업직이나 서비스직 같이 고객을 직접 대면하는 분야에 지원한 지원자들에게 압박 면접을 하는 경우가 많다. 예컨대 면접관이 "학교 다닐 때 성적을 보니깐 공부를 열심히 안 했네요. 회사에서도 일을 열심히 안 할 사람처럼 보이는데요?"와 같이 말하며 지원자의 표정 변화를 관찰하는 것이다. 이런 질문을 받으면 당황하지 말고 밝은 표정을 유지하도록 한다. 어떻게 당황하지 않을 수 있을까? 면접관의 질문에 대해 '이제 나에게 압박 면접을 할 시간이 됐구나'라고 생각하며 긍정적으로 받아들이자.

알다시피 면접관이 불쾌한 질문을 던지는 의도는 감정 통제력, 돌발 상황에 대한 위기 대응력, 순발력, 유연성 등을 평가하기 위함이다. 면접관이 오늘 처음 본 지원자에게 안 좋은 감정이 있어서 그런 질문을 던지는 게 절대 아니라는 것을 기억하자. 그러므로 이와 같은 질문을 받았을 때는 흥분해서 반론하지 말고 공손한 태도로 차분히 대답해야 한다. 감정을 조절하지 못해 얼굴이 울그락불그락 되고 손을 부들부들 떠는 지원자에게 어떻게 좋은 점수를 줄 수 있겠는가. 기분이 상했다고 면접관과 전투하는 순간 바로 '아웃'이라는 것을 명심하자.

+ 마지막으로 하고 싶은 말이 있냐는 질문에 대한 답변

면접이 끝날 무렵 "마지막으로 하고 싶은 말이 있습니까?"라고 묻는 경우가 많다. 이는 입사에 대한 열정과 간절함을 확인하기 위한 질문이다. 무턱대고 "없습니다"라고 대답하면 입사하고자 하는 열의가 부족한 것으로 비쳐질 수 있다. 또 면접 중 제대로 답변하지 못했다고 생각한 부분을 다시 꺼내 만회하려는 것도 그다지 효과적이지 않다. 면접관은 당신이 면접 중 어떤 말을 했는지 솔직히 잘 기억하지 못한다. 마지막으로 입사에 대한 자신의 의지를 간결하지만 강렬하게 어필하는 것이 좋다.

8 승리의 깃발을 꽂는 프레젠테이션 스킬

+ 프레젠테이션의 중요성

　미국 캘리포니아대학의 알버트 매라비언Albert Mehrabian 교수는 "사람을 만났을 때 상대방에게 영향을 주는 요소 중 말하는 내용이 7%, 말하는 방법이 38%, 말하는 모습이 55%를 차지한다"고 역설한 바 있다. 상대방에게 영향을 주는 데 있어 말하는 모습이 내용보다 더 효과적이라는 말이다. 실제로 면접관들은 발표 내용보다 발표하는 모습에 더 큰 관심을 갖는다. 때문에 발표 태도가 불량하면 발표 내용과 상관없이 지원자를 탈락시킨다.

　프레젠테이션 하는 모습에 신경을 쓰며 꾸준히 연습하도록 하자. 연습하는 모습을 휴대폰 등으로 녹화해 수시로 보면서 어색한 부분을 고쳐 나가는 것도 좋다.

[표 7-3] 프레젠테이션 평가표

평가요소	평가항목	평가점수					평가의견
		5	4	3	2	1	
오프닝	인사 및 자기소개						
	우호적 분위기 조성						
	주제 제시						
시선	시선 맞춤						
	시선 이동						
목소리	발음의 정확성						
	목소리 크기 및 억양						
	말하는 속도						
손동작	손동작 사용 적절성						
	손동작 사용 후 손 위치						
발동작	발 위치						
	발 이동의 적절성						
긴장 관리	자신감						
	호흡 조절						
시간 관리	소요시간 내 종료						
클로징	결론 요약						
	끝맺는 말						
	질문 대응 적절성						

+ 프레젠테이션 진행

• 오프닝

처음 30초가 성패를 좌우한다. 프레젠테이션을 시작할 때는 가벼운 미소로 면접관들과 시선을 교환하며 교감하는 것이 중요하다. "프레젠테이션을 할 수 있는 기회를 주셔서 감사합니다"와 같이 먼저 감사 인사를 하고 시작하면 예의가 바르다는 인상을 줄 수 있다. 헛기침을 한다든가 넥타이에 손을 대지 않도록 주의한다. 어깨나 목을 움찔거리거나 바닥이나 천장을 쳐다보는 행동도 하지 않도록 한다.

- 시선

　시선으로 쌍방향 커뮤니케이션을 하는 것이 프레젠테이션이다. 면접관들과 시선을 맞추는 것은 면접관뿐만 아니라 발표자인 지원자 본인에게도 매우 중요하다. 면접관과 시선을 맞추면 긴장감이 풀리면서 마음이 한결 편해진다. 면접관과 눈을 마주치지 않고 먼 산을 응시하는 듯한 시선으로 발표를 하면 자신감이 없어 보인다.

　면접관과 시선을 맞출 때는 항상 한 사람에게 이야기하듯 시선을 처리하는 것이 중요하다. 여러 명의 면접관들을 한 번에 훑으면서 말하는 것은 좋지 않다. 그렇다고 한 명의 면접관만 오랫동안 쳐다보는 것도 바람직하지 않다. 면접관 한 사람당 4~5초 정도 시선을 맞추면서 자연스럽게 시선을 이동하는 것이 좋다. 프레젠테이션 결과에 가장 중요한 영향을 미치는 사람에게는 좀 더 자주 시선을 맞추는 것도 괜찮다.

- 목소리

　프레젠테이션 스킬이 뛰어난 사람들은 발음이 정확하다. 목소리는 힘이 있으면서도 경쾌하다. 프레젠테이션을 할 때는 발음과 목소리 톤, 말하는 속도에 신경 쓰도록 하자. 그렇다고 목소리 자체를 인위적으로 바꾸는 것은 바람직하지 않다. 꾸미지 않은 평상시의 음성이 면접관에게도 편안한 느낌을 준다. 프레젠테이션을 할 때 긴장감으로 목소리가 떨리는 것은 자연스러운 현상이다. 중요한 건 목소리의 떨림을 얼마나 빠른 시간 내에 줄일 수 있느냐 하는 것이다.

　긴장했을 때 말이 빨라지는 것 또한 주의해야 한다. 말을 빨리 하면 일단 면접관이 정확히 알아들을 수 없을뿐더러 발표자의 긴장과 불안, 초조함이 그대로 면접관한테 전해지기 때문에 좋은 인상을 주기 어렵다. 말이 빨라지는 느낌이 들 때는 잠시 말을 멈추고 티나지 않게 호흡을 가다듬도록 한다. 실제 프레젠테이션 면접 시에는 마이크를 사용하지 않는 경우가 많으므로 평소 자신의 음성보다 약간 높여서 말하는 것이 좋다. 전달해야 될 메시지의 성격에 따라 자연스럽게 목소리의 높낮이에 변화를 주며 말하는 속도를 조절함으로써 호소력을 높이도록 한다.

• 손동작

적절한 손동작은 프레젠테이션의 내용을 보다 효과적으로 전달해준다. 중요한 메시지를 말하거나 강조할 때는 손을 머리와 허리 사이에서 가볍게 움직이는 것이 좋다. 손을 움직일 때는 손가락 끝에 힘을 줘서 손이 떨리지 않도록 한다. 손동작을 할 때는 몸을 약간 앞으로 기울여야 보다 호소력이 있어 보인다. 손을 움직이지 않을 때는 두 팔을 편안하게 늘어뜨린 상태에서 주먹을 달걀 쥐듯이 가볍게 쥐고 다리 옆에 붙인다.

• 발동작

적절한 발동작 또한 프레젠테이션을 역동적으로 보이게 한다. 발을 움직이지 않을 때에는 두 발을 어깨 넓이보다 약간 좁게 벌리고 선다. 메시지를 강조하거나 호소할 때는 면접관 앞으로 한두 발짝 정도 앞으로 걸어 나갔다가 다시 원위치로 돌아온다. 발을 움직일 때는 면접관에게 등을 보이지 않도록 한다.

• 긴장 관리

프레젠테이션할 때는 누구나 긴장한다. 긴장감을 자연스럽게 받아들이자. 약간의 긴장은 오히려 발표하는 데 도움이 될 수도 있다. 물론 머릿속이 하얗게 변할 정도로 긴장한다면 프레젠테이션을 제대로 끝마치기 어려울 것이다.

먼저 프레젠테이션 시작 전에 숨을 깊게 들이마신 후 서서히 내쉬면서 호흡을 고르면 긴장감이 많이 줄어든다. 면접관들에 대한 인식을 잠시 전환해보는 것도 좋다. 면접관들이 프레젠테이션을 평가하는 사람이 아니라 자신의 말을 듣고 싶어 하는 가족이나 친구라고 여기면 긴장이 다소 누그러진다. 또한 자신이 프레젠테이션 내용을 가장 잘 알고 있다는 사실을 상기하자. 프레젠테이션 중간에 원래 말하고자 했던 내용을 잊어버려도 사실 면접관들은 모른다. 그냥 자연스럽게 다음 내용으로 넘어가면 된다.

• 시간 관리

인간이 다른 사람의 말을 집중해서 들을 수 있는 시간은 15분 내외다. 특히 면접관들처럼 하루 종일 의자에 앉아서 지원자들의 프레젠테이션을 평가해야 하는 경우에는 집중력이 떨어질 수밖에 없다. 따라서 프레젠테이션은 주어진 시간의 80% 정도 경과된 시점에 마치는 것이 좋다. 예컨대 프레젠테이션 시간이 15분이라면 12분 정도에 끝내도록 한다. 그러기 위해서는 프레젠테이션 내용도 전체 시간의 80% 시간에 맞게 준비한다. 만약 주어진 시간의 30% 이상 남았을 경우, 내용을 짧게 요약정리한다. 주어진 시간의 20% 이하로 시간이 남았을 경우에는 망설이지 말고 그대로 프레젠테이션을 마친다.

• 클로징

클로징은 프레젠테이션을 성공적으로 마무리 지을 수도 있고 잘 진행했던 프레젠테이션을 한순간에 망치게도 할 수 있다. 프레젠테이션을 하는 동안 실수했던 부분을 만회할 수 있는 마지막 기회이기도 하다. 첫인상 못지않게 끝인상도 중요하다. 프레젠테이션을 어떻게 마무리하느냐에 따라 면접관들의 평가는 분명히 달라진다. 프레젠테이션에서 가장 무난한 클로징은 결론을 요약하는 것이다. 프레젠테이션을 마친 뒤 "프레젠테이션을 들어주셔서 감사합니다!"라는 인사말도 잊지 않는다.

Self Questioning 당신은 정답을 말하는 데만 신경 쓰지 않는가?

프레젠테이션 면접에서 기업의 경영전략을 수립하라는 과제가 주어졌다고 가정해보자. 면접장에서 지원자에게 이런 과제를 주는 이유가 무엇일까? 기업의 경영전략을 수립하는 데 참고할 만한 정보를 지원자로부터 얻기 위함일까? 경영전략은 기업의 브레인이라고 말할 수 있는 기획실 직원들이 일 년 내내 고민해도 수립하기 힘든 것이다. 면접관은 한 시간이 채 되지 않는 시간 동안 지원자가 참신한 경영전략을 만들어내기를 기대하지 않는다. 그렇다면 왜 이런 어려운 과제를 내는 것일까?

면접관은 짧은 시간에 지원자가 얼마나 전략적이고 논리적인 사고를 하는지, 또 얼마나 자신의 생각을 효과적으로 전달하는지 평가하기 위해 과제를 주는 것이다. 따라서 프레젠테이션 면접에서는 과제의 정답을 찾는 것이 중요한 것이 아니라 문제를 해결하는 과정과 발표하는 태도가 중요하다. 달리 말하자면 면접장에서 프레젠테이션 과제의 답을 잘 몰라도 면접을 포기하거나 기죽을 필요가 없다는 것이다. 예의바른 모습으로 자신감 있게 프레젠테이션을 하자. 그러면 설령 정답에 근접하지 못했다 하더라도 면접관의 호감은 충분히 얻을 수 있다.

절대로 포기하지 말라!
Never give up!

우리가 할 수 있는 최선을 다할 때, 우리 혹은 타인의 삶에
어떤 기적이 나타나는지 아무도 모른다. _헬렌 켈러

필자들은 출제자의 입장에서 취업준비생들에게 답을 알려주고자 이 책을 썼다. 인사담당자의 관점, 면접관의 관점에서 기업이 뽑고 싶은 사람이 누구인지 알려주고 싶었다. 무엇보다 취업준비생들이 정석대로 이력서와 자기소개서를 작성하고 면접에 임할 수 있도록 도움을 주고 싶은 마음이 컸다.

기업의 인사제도를 직접 설계한 경영컨설턴트, 신입사원 면접위원 및 취업특강 강사로 활동 중인 대기업 인력팀 부장, 금융공기업에서 신입사원 면접위원으로 활동 중인 팀장, 기자 출신으로 수많은 대학생들을 기업에 합격시킨 취업 멘토, 대학에서 학생들의 진로를 지도했던 학사지도교수가 공저자이기 때문에 가능하다고 믿는다.

특히 책에 나온 기업분석과 입사지원서 작성 및 면접 대비법은 필자들이 수년간 취업특강과 코칭, 멘토링을 통해 취업준비생들을 유수 기업에 합격시킨 방법론이다. 기업을 잘 아는 필자들이 취업의 성공요인을 다각도로 검증한 후 방법을 제시했기 때문에 독자들이 이 책을 신뢰할 수 있을 것이라고 확신한다.

이 책은 취업준비의 핵심인 기업을 분석하는 기본적인 방법부터 분석한 내용을 이력서와 자기소개서, 면접에 연계시키는 방법까지 구체적이면서도 체계적

인 방법과 사례, 다양한 실습템플릿을 제공한다. 설령 취업준비를 해본 경험이 없는 독자라 하더라도, 책에 있는 내용을 따라 하나씩 연습하다 보면 자연스레 경쟁력 있는 입사지원서를 작성하고 면접을 준비할 수 있게 될 것이다. 아는 것과 행하는 것은 별개의 문제다. 아는 것에 만족하지 말고 실제로 작성해보자.

"Never give up!(절대로 포기하지 말라!)"

취업 현실이 어렵더라도 절대로 포기하지 말자. 이 책에서 제시한 방법대로 기업을 분석하고 입사지원서와 면접을 준비한다면, 종국에는 취업에 성공할 것이다. 지금까지 원서를 내는 족족 떨어졌다고 마음의 상처를 부둥켜안고 좌절하지 말자. 상처를 입은 조개가 진주를 만드는 것처럼, 취업 실패의 아픔을 겪어본 사람이 직장생활을 성공적으로 하는 경우가 더 많다.

끝으로 이 책을 쓰는 데 힘이 되어주신 배종석 교수님(고려대), 조명현 교수님(고려대), 송기원 교수님(연세대), 강인성 교수님(숭실대), 권순석 교수님(전남대), 안희준 교수님(성균관대), 박현정 교수님(이화여대), 박준혁 교수님(제주대), 박소영 교수님(부산대)께 진심으로 감사를 드린다. 귀한 시간을 쪼개어 추천의 글을 써주신 모든 분들과 취업에 관한 경험을 나누어준 박예진, 김수현, 장하주, 장은정, 김윤경, 김은정, 김미정, 유미림, 김지혜, 강신일, 이수희, 김석범, 이충, 이창호 씨에게도 감사의 말을 전한다. 무엇보다 이 책을 쓰는 동안 아낌없는 위로와 격려를 보내주었던 내쉬빌한인교회 식구들(차상용, 고일신, 함선영, 나윤선, 박경아, 김구윤, 김창민, 양선진, 이창선, 한창호, 전덕호, 전지영, 박은혜)에게 감사의 마음을 표한다.

Soli Deo Gloria!

2014년 저자를 대표하여 김한훈

참고자료

서적, 보고서, 논문

- 김한훈, 《이겨라 대한민국 직장인》(코리아닷컴)

- 김한훈 외, 《팀장의 자격》(코리아닷컴)

- 김한훈 외, 《리얼멘토링》(에딧더월드)

- 바바라 민토, 《논리의 기술》(더난출판)

- 배종석, 《인적자원론》(홍문사)

- 에노모토 히데타케, 《코칭의 기술》(새로운제안)

- 에단 라지엘 외, 《맥킨지는 일하는 마인드가 다르다》(김영사)

- 이어령, 《이어령 문화코드》(문학사상사)

- 클로테르 라파이유, 《컬처코드》(리더스북)

- 테루야 하나코 외, 《로지컬 씽킹》(일빛)

- 대한상공회의소, 《100대 기업이 원하는 인재상 보고서》

- 한국경영자총협회, 《2013년 신입사원 교육·훈련 및 수습사원 인력관리 현황》

- David J. Collis & Cynthia A. Mongomery. Creating Corporate Advantage. Harvard Business Review on Corporate Strategy, 1999.

- Donald C. Hambrick & James W. Fredrickson. Are you sure you have a strategy?. The Academy of Management Executive, Nov 2001.

- Edgar H. Schein. Organizational Culture and Leadership. Jossey-Bass, 2010.

- Kim S. Cameron & Robert E. Quinn. Diagnosing and Changing Organizational Culture. Jossey-Bass, 2006.

- Michael E. Porter. Competitive Advantage. The Free Press, New York, 1985.

- Michael E. Porter. How Competitive Forces Shape Strategy. Harvard BusinessReview, 1979.

- Michael E. Porter. The Five Competitive Forces That Shape Strategy. Harvard Business Review, 2008.

- Robert Spector & Patrick D. McCarthy. The Nordstrom Way to Customer Service Excellence. John Wiley & Sons, 2012.

- Stephen P. Robbins. Organizational behavior. Prentice Hall Inc, 1998.

- W. Chan Kim & Renée Mauborgne. Tipping point leadership. Harvard Business Review, 2003.

인터넷 사이트

- 금감원 전자공시시스템 (http://dart.fss.or.kr)
- 대한상공회의소 코참비즈 (www.korchambiz.net)
- 유한양행 (http://www.yuhan.co.kr)
- 만도 (http://www.mando.com)
- 금감원 채용정보 (http://emp.fss.or.kr)
- 풀무원 채용정보 (http://recruit.pulmuone.co.kr)
- 이랜드 채용정보 (http://www.elandscout.com)
- 노드스트롬 (http://www.nordstrom.com)

기업분석으로 통하는

취업의 정석

초판 1쇄 인쇄 2014년 9월 5일
초판 1쇄 발행 2014년 9월 12일

지은이 김한훈, 강인영, 이길상, 김윤수, 방희경
펴낸이 이범상
펴낸곳 (주)비전비엔피 · 비전코리아

기획 편집 이경원 박월 윤자영 강찬양
디자인 김혜림 김경년 손은이
마케팅 한상철 이재필 김희정
전자책 김성화 김소연
관리 박석형 이다정

주소 121-894 서울특별시 마포구 잔다리로7길 12 (서교동)
전화 02) 338-2411 | **팩스** 02) 338-2413
홈페이지 www.visionbp.co.kr
이메일 visioncorea@naver.com
원고투고 editor@visionbp.co.kr

등록번호 제313-2005-224호

ISBN 978-89-6322-070-3 (13320)

· 값은 뒤표지에 있습니다.
· 잘못된 책은 구입하신 서점에서 바꿔드립니다.

이 도서의 국립중앙도서관 출판시도서목록(CIP)은 서지정보유통지원시스템 홈페이지(http://seoji.nl.go.kr)와
국가자료공동목록시스템(http://www.nl.go.kr/kolisnet)에서 이용하실 수 있습니다.(CIP제어번호: CIP2014023994)